JN425811

스마트 e러닝

사이버대학의 학습전략

스마트 e러닝

시이버대학의 학습전략

| 박종선 지음 |

(주)교 문 사

머리말

사이버대학의 학생들은 매우 어려운 여건 속에서 자신의 미래를 위해 학업을 병행하는 경우가 대부분이다. 이들 대다수의 학습자는 가사활동을 하거나 일상적인 생업활동에 참여하고 있으며, 연령도 30~40대 이상이 주류를 이루고 있다. 또한 상당수의 학습자는 십여 년 이상 지속적인 정규학습과는 거리가 먼 학습공백 상태를 겪어 왔고, 인터넷 등과 같은 정보기술을 활용한 학습환경에 익숙하지 못하여 전통적인 대학의 학습자와 달리 이러닝을 활용한 학습과정에서 어려움을 많이 겪게 된다. 따라서 사이버대학 학습자들은 학습내용의 어려움에서 오는 부담과 인터넷을 기반으로 하는 온라인 학습환경을 능숙하게 다루지 못하는 부담을 동시에 느끼게 된다.

사이버대학의 학습자들이 이와 같은 학습내용, 학습환경 및 방법으로 인한 학습과정의 어려움을 해소하고 궁극적으로 자신들이 바라는 학습성과를 달성하기 위해서는 많은 노력과 지원이 필요하다.

이러닝 학습환경은 사이버대학의 학습자들에게 지식을 전달하고 습득하기 위한 효과적인 학습기제뿐만 아니라, 지식기반사회에서 자기개발을 위한 전략이자 평생학습을 위한 학습전략으로 활용될 수 있다. 지식기반사회에서는 좋은 성적을 획득하기 위해 지식을 습득하는 것보다 자신의 실제적인 문제를 해결하기 위해 지식을 공유하고 활용하는 것이 보다 가치 지향적인 활동이 된다. 때문에 이러닝 학습환경은 이론 중심의 지식을 단순히 전달하기 위한 수단보다는 공유하고 활용하여 자신의 실제적인 문제를 해결하기 위한 전략으로 활용해야 한다. 이를 위해서 이러닝 학습환경의 특성과 다양한 학습전략을 잘 이해할 필요가 있다.

본서는 사이버대학 신·편입생들이 이러닝 학습환경의 본질과 학습전략을 이해하고 자신의 학습을 성공적으로 수행할 수 있도록 지원하기 위하여 고안되었다. 또한, 사이버대학에서 자신의 미래를 위해 소중한 시간과 노력을 투자하고 있는 수많은 이러닝 학습자들에게 학습과정에서 겪는 어려움을 극복하도록 효과적인 학습전략을 지원하기 위한 목적이 있다. 이를 위해 본서는 사이버대학의 학습환경, 수업활동 및 학습전략의 3부로 구성하였다.

본서의 Part 1에서는 사이버대학의 학습환경에 대한 내용을 제시한다. 즉, 사이버대학의 주요 학습환경인 이러닝의 개념과 목적은 무엇인지, 어떤 의미를 가지고 있는지, 이러닝 학습환경에서 기술의 역할은 무엇인지, 이러닝 콘텐츠란 무엇이며 누가 어떠한 과정을 통해 개발하는지, 품질을 평가하기 위한 기준은 무엇인지, 사이버대학의 학습시스템은 어떠한 특성을 가지고 있는지, 사이버대학의 교수자는 어떠한 역할을 담당해야 하고 학습자들은 어떤 역할을 수행해야 하는지 등에 대한 내용을 제시하여 사이버대학의 학습환경에 대한 특성을 이해할 수 있도록 구성하였다.

Part 2에서는 이러닝을 활용한 사이버대학 학습활동의 특성을 살펴본다. 사이버대학의 수업에 대한 바람직한 인식은 무엇이며 구성요소는 어떠한 것들이 있는지, 효과적으로 수업을 이수하기 위해 학습활동은 왜 중요하며 어떠한 종류가 있는지, 그 특성은 무엇인지를 제시한다. 이를 통해 사이버대학에서 수행되는 학습활동의 의미와 특성을 이해하고 바람직한 학습활동을 수행할 수 있도록 안내하였다.

Part 3에서는 이러닝 학습을 효과적으로 수행할 수 있도록 지원하기 위하여 다양한 이러닝 학습전략을 제시한다. 즉, 이러닝 학습관리전략, 자기주도학습전략, 문제기반학습전략, 프로젝트학습전략, 자원기반학습전략, 사례기반학습전략이란 무엇이고 어떤 특성이 있는지를 이해하고 사이버대학 학습자들이 다양한 학습전략을 활용하여 효과적인 학습활동을 수행할 수 있도록 지원하였다.

본서를 통해서 사이버대학 학생들이 이러닝 학습환경에 잘 적응하고 최적의 상태로 학습하는 데 도움이 되기를 희망하며, 더 나아가 지식기반사회에서 지식의 습득보다는 공유와 활용에 초점을 맞추어 이러닝 학습환경을 활용하는 데에 도움이 되기를 기대한다.

2013년 1월
지자 박종선

차 례

Part 01

사이버대학의 학습환경

e-Learning

Chapter 1

사이버대학의 이러닝 학습 개요

Chapter 1

사이버대학의 이러닝 학습 개요

1 사이버대학의 이해

1) 사이버대학의 정의

사이버대학은 정보통신기술, 멀티미디어 기술 및 관련 소프트웨어 등을 이용하여 형성된 가상의 공간(cyber-space)을 통하여 교수자가 제공한 교육서비스를 학습자가 시간과 공간의 제약을 받지 않고 학습하여 일정한 학점을 이수하는 경우 학사학위 또는 전문학사학위를 수여할 수 있도록 「고등교육법」 제2조 제5호에 신설(2007.10.17. 법률 제8638호)된 학교(고등교육기관)의 한 종류를 말한다.

표 1-1 원격대학의 개념 차이

구 분	원격대학		원격대학형태 평생교육시설
	사이버대학	방송통신대학	
목 적	정보·통신매체를 통한 원격교육으로 고등교육을 받을 기회를 부여하여 국가와 사회가 필요로 하는 인재를 양성하고 동시에 열린 학습사회를 구현하여 평생교육의 발전에 이바지		누구나, 언제, 어디서나 교육을 받을 수 있는 열린교육사회, 평생학습사회 건설에 기여
설치근거	「고등교육법」 제2조 제5호 「사립학교법」 제3조 「사이버대학설립·운영규정」	「고등교육법」 제2조 제5호 「한국방송통신대학설치령」	「평생교육법」제33조 제3항 「평생교육법 시행령」 제51조

(계속)

구 분	원격대학		원격대학형태 평생교육시설
	사이버대학	방송통신대학	
운영근거 (법인 및 학사)	「고등교육법 시행령」 「사립학교법 시행령」	「고등교육법 시행령」	「평생교육법 시행령」 「고등교육법 시행령」 일부준용 「사립학교법 시행령」 일부준용
기관성격	전문학사학위 또는 학사학위를 수여할 수 있는 고등교육기관	학사학위를 수여할 수 있는 고등교육기관	전문대학 또는 대학졸업자와 동등한 학력과 학위를 인정받는 평생교육시설
매 체	정보통신매체를 통한 원격교육		
대학원	설치 가능-「고등교육법」 제29조 및 제29조의 2		설치 불가능
외국대학과의 교육과정 공동운영	가능-「고등교육법시행령」 제13조		불가능

자료: 사이버대학 학사편람, pp.10-11

2) 사이버대학의 도입 취지

① 정보·통신매체를 이용한 고등교육기관인 원격대학에 사이버대학을 추가하여 성인학습자 등이 원격교육으로 고등교육을 받을 기회 확대

② 교육 수요자의 요구에 부합하는 다양한 교육서비스 제공을 통한 국민의 학습권 및 학습자의 선택권 보장

③ 직장인, 장애인 등 소외계층에 대한 고등교육의 접근성 제고 및 교육서비스 범위의 확대를 통한 기존 대학 교육체제의 한계 극복

④ 첨단기술을 기반으로 다양한 교육기법을 통한 고품질의 교육서비스 제공

⑤ 전문인력 양성 및 재교육을 통한 국가경쟁력 강화에 적극적으로 기여

⑥ 저렴한 학습비로 양질의 교육서비스 제공을 통한 고등교육의 사회적 비용 절감

⑦ 사이버대학을 포함한 고등교육기관의 질적 수준을 담보하기 위하여 각 학교가 스스로 교육·연구·시설 등에 대하여 평가하고 그 결과 공시

2 이러닝의 이해

이러닝은 효율적인 학습체제의 하나로 최근에 일반화된 개념이다. 이러닝은 정보나 지식을 쉽게 접할 수 있는 장점이 있어 일상생활 속에서 보편화된 학습체제로 활용되고 있다. 예를 들어, 초·중등학교에서의 사이버가정학습이나 디지털교과서를 활용한 온라인 학습, 기업의 고용보험 환급과정을 활용한 인터넷 원격훈련, 사이버대학의 온라인 수업, 온라인 학점은행제도를 활용한 원격평생교육원의 온라인 강좌 등을 통해 보편적인 학습체제의 일환으로 활용되고 있는 예를 쉽게 발견할 수 있다.

그러나, 학습내용을 쉽게 접할 수 있다는 효율성의 차원을 넘어서 본질적인 학습효과의 달성도 면에서 이러닝을 살펴보면 여전히 논의가 많이 필요한 때이다. 이는 이러닝이 학습유형의 하나로 보편화 되고 있는 과정에서 이러닝의 본질적인 부분이 일부 왜곡되어 잘못 인식되는 측면이 없지 않기 때문이다.

특히 최근 스마트폰, 태블릿 PC 등과 같은 모바일 기반의 미디어 활용이 활성화 되고 있는 시점에서 접근성이 좋은 학습체제의 활용 가능성은 더 강조되고 있는 것이 사실이다. 그렇다고 접근성이 용이한 미디어가 학습도구의 기능을 수행한다고 해서 학습의 궁극적 목적인 학습효과를 틀림없이 보장하지는 않는다. 이러닝의 학습효과는 미디어의 접근성만으로는 담보할 수 없기 때문이다.

이러닝에 대한 잘못된 인식과 현상을 바로잡기 위해서는 이러닝 개념이 내포하는 의미를 올바로 이해하고 그 속성을 보다 분명하게 파악할 필요가 있다. 이러닝 개념에 대한 이해를 통해 이러닝에서 강조하는 바가 무엇인지를 명확하게 인식할 수 있기 때문이다.

1) 이러닝(e-Learning)의 정의

이러닝은 인터넷과 같은 네트워크 환경을 기반으로 교수-학습활동을 수행하는 제반 학습체제로 정의할 수 있다. 이러닝은 정보통신기술과 학습체제가 결합하여 나타난 개념이다. 즉, 이러닝은 네트워크 환경, 정보통신기술, 교수-학습활동을 수행하는 학습체제와 같은 요소들로 구성되어 있다.

이러닝은 인터넷이라는 가장 범용적인 네트워크를 기본적인 학습환경으로 사용하기 때문에 세계 어디서나 인터넷이 가능한 곳에서는 학습을 할 수 있다. 인터넷을 활용하는 네트워크는 유선과 무선으로 구분되는데, 인터넷이 활성화되던 90년대 후반과 2000년대 중반에는 유선 인터넷이 주로 활용되었다. 그러나 최근에는 와이파이(WiFi), 와이브로(WIBRO) 등과 같은 무선 인터넷 기술이 발전하면서 지하철 등과 같은 이동 중인 공간이나 공항이나 편의점 같은 장소에서도 얼마든지 이러닝을 활용할 수 있게 되었다.

이러닝은 인터넷 공간에서 웹 문서를 표현하고 상호 연계하는 하이퍼링크 기술, 멀티미디어를 지원하는 기술을 비롯하여 다양한 정보통신기술을 활용한다. 이러한 정보통신기술에는 HTML, Hyperlink, AJAX(Asynchronous JavaScript and XML), RIAs(Rich Internet Applications), RSS(Really Simple Syndication or Rich Site Summery), 폭소노미(folksonomies), 팟캐스트(podcast), 위키(wiki), 웹로그(weblog, blog), 소셜 북마킹(social bookmarking) 등이 해당한다. 이와 같은 정보통신기술의 발전을 통해 학습자들은 학습내용을 조회하는 학습활동(학습콘텐츠의 내용을 읽고, 강사의 설명을 듣는 활동이 중심이 되는 학습활동)에서 자신의 의견을 게시하고 동료들과 논의하며 공유하는 등의 참여적 학습활동이 가능하게 되었다. 특히 AJAX, RIAs, RSS 등과 같은 웹 2.0 기술의 발전은 학습자들이 학습내용을 찾아가는 활동에서 학습자들이 필요한 학습내용을 끌어당기는 활동, 즉 학습내용이 학습자에게 다가가는 활동으로 변모하게 되었다.

이러닝은 교수-학습활동을 수행하기 위한 학습체제이다. 교수-학습활동이란 가르치고 배우는 활동을 의미한다. 흔히 이러닝은 교수가 설명식 방법을 주로 활용하는 강의를 통해서 학생들에게 학습내용을 전달하는 형태로 인식되는 경향이 있다. 대다수의 이러닝이 강의 위주의 내용전달 형태로 활용되는데 그 원인이 있다. 이러닝에서의 교수-학습활동은 매우 다양하게 전개할 수 있다. 교수가 주도권을 갖고 학습내용을 전달하는 강의활동부터 학습자들이 직접 학습과정에 참여하여 문제를 해결하는 과정에서 주도적인 역할을 수행하는 학습활동에 이르기까지 그 특성이 매우 다양하다는 의미이다. 최근에는 학습내용을 단순히 이해하고 습득하는 것을 넘어서 학습자들이 자신의 관심정도에 따라 학습과정에 능동적으로 참여하고 동료학습자들과의 상호작용을 통해서 지식을 공유하고 연계하여 자신의 지식을 재구성하는 활동이 강화되고 있다. 이러닝에서 이와 같은 교수-학습활동은 학습내용이나 지식을 단순하게 이해하는 수준에서 탈피하여 학습내용을 적용, 분석, 종합하고 평가하는 등의 고차적인 학습목표를 달성하는 활동으로 변화되고 있다는 의미이다.

2) 이러닝의 근본 목적

이러닝의 본질적인 목적은 학습을 수행하는 것이지 첨단 기술을 활용하는데 있는 것이 아니다. 즉, 이러닝에서는 학습적인 요소가 기술적인 요소보다 더 중요하다는 의미이다. 이러닝을 위해서 첨단 기술이 활용되는 것이지 첨단기술을 활용하기 위해서 이러닝을 수행하는 것은 아니기 때문이다.

이러닝에 관한 여러 개념정의에서 강조하고 있는 것은 기술이 아닌 학습, 교육이라는 점이다. 즉, 이러닝은 "교육시키는 경험을 만드는 것, 지식과 성과를 향상시키는 것, 지식의 습득을 촉진시키는 것, 학습을 촉진시키는 것, 학습과정을 통해서 학습목표를 성취하는 학습활동, 다양한 학습경험과 학습활동을 촉진시키는 것, 학습이란 목적을 달성하기 위해 새로운 지식이나 스킬을 습득하는 과정, 인터넷을 사용하는 학습체제" 임을 분명하게 강조하고 있다.

용어정의 1-1

이러닝(e-Learning)

- 이러닝은 지식과 성과를 향상시키는 다양한 해결책을 전달하기 위하여 인터넷 기술을 이용하는 일이다(Rosenberg, 2000).
- 이러닝은 우리 인간을 교육시키는 경험을 만들기 위하여 인터넷과 디지털 기술을 사용하는 일이다(Horton, 2001).
- 이러닝은 정보를 전달하거나 학습자의 기술 혹은 지식의 습득을 촉진하기 위해, 전자적인 테크놀로지를 부분 혹은 전체적으로 사용하는 것이다(ASTD, 2001).
- 이러닝은 웹을 통해 제공되는 학습이다(박인우, 2001).
- 이러닝은 전자적 수단, 정보통신 및 전파 방송기술을 활용하여 이루어지는 학습이다(이러닝산업발전법, 2004).
- 이러닝은 인터넷을 활용하는 네트워크를 기반환경으로 디지털화된 학습콘텐츠를 학습자의 인지구조로 재구조화 하는 학습과정을 통해서 학습목표를 성취하는 학습활동을 의미한다(박종선, 2009).

3) 이러닝에서 "e"의 의미

이러닝(e-Learning)의 의미를 논의할 때, 소문자 "e"에 특별한 관심과 호기심을 갖는 경우가 많다. "e"의 의미를 이해하는 것이 이러닝의 의미를 파악하는데 도움이 된다고 생각하기 때문일 것이다.

이러닝(e-Learning)에서의 "e"는 일차적으로 전자적(electronic)이라는 의미를 갖고 있다. 전자적이라는 의미는 전기, 전자, 정보기술을 활용하고, 디지털화 되었다는 의미로 이해할 수 있다. 이러닝에서 활용되는 모든 학습환경과 학습자원은 디지털화된 형태의 파일과 프로그램으로 구성되기 때문이다. 이러한 맥락에서 이러닝을 초기에 "전자학습(electronic learning)"이라 부르기도 했다.

엘리엇 마지(Elliott Masie)는 이러닝의 'e'를 전자적이라는 본질적인 의미 외에 학습경험의 확장(experience), 학습기회의 확대(extension), 학습공간의 확대(expansion)라는 의미로 사용하였는데, 박종선(2009)은 이와 같은 3가지 의미를 다음과 같이 설명하였다.

용어정의 1-2

"e"의 의미

- 이러닝(e-Learning)은 학습(learning)이라는 단어 앞에 소문자 "e"가 붙은 하나의 매체이다. 따라서 이러닝은 학습에 관한 모든 원리가 적용된다(Masie, 2004, p.5).
- 이러닝(e-Learning)에서 "e"는 교육(education)을 의미한다. 이러닝은 네트워크, 서버, 케이블에 관한 것이 아니라, 교육에 관한 것이다. 우리는 너무나 자주 이러한 사실을 망각하는데, 이러닝에서 첫 번째이자 가장 중요한 것은 교육이다(Masie, 2004, p.4).
- 이러닝(e-Learning)에서 "e"는 일반적이고 보편화된 의미로 "electronic"을 의미하여 인터넷 기술을 활용한 학습으로 정의한다(조은순, 2002).
- 이러닝(e-Learning)은 전자적(electronic)이라는 본질적인 의미 이외에 3가지의 확장(extension)의 의미를 갖고 있다. 즉 학습경험의 확장(experience), 학습기회의 확대(extension), 학습공간의 확대(expansion)가 그것이다(Masie, 2000).
- 이러닝은 electronic-Learning의 줄임말로 전자기술을 기반으로 하는 학습을 말하며, 일반적으로는 웹 기반 환경에서 시공간을 초월하여 학습이 이루어지는 것을 말한다(이지연, 이재경, 2005).

(1) 학습경험의 확장(experience)

학습자들은 이러닝을 통해서 다양한 학습활동을 경험할 수 있다. 교수가 정리해서 설명해주는 학습내용을 습득하는 일반적인 수준의 학습에서부터 학습자가 스스로 인터넷이나 자료를 찾고 분석하여 자신의 문제해결과정에 활용하는 보다 심화된 학습활동을 경험할 수도 있다. 또한, 이러닝을 통한 학습과정은 교수자나 내용전문가, 외부 실무전문가들과 커뮤니티 등의 학습환경을 활용하여 다양한 상호작용(예: 질의응답, 자료 공유 및 논의, 토론 등)을 하여 다양한 학습경험을 수행할 수 있다.

(2) 학습기회의 확대(extension)

이러닝은 자기개발을 원하는 사람들(예: 직장인, 주부, 자영업자, 이직예정자 등)에게 새로운 배움의 기회를 제공하는데 매우 효과적이다. 개인적 사유로 적령기 학습기회를 상실하거나 배움의 기회를 갖지 못했던 사회구성원들, 혹은 재교육의 기회를 갖고자 하는 사람들에게 자신의 직무를 수행하면서 새로운 것을 배울 수 있는 학습의 기회를 제공해 줄 수 있다. 이런 맥락에서 이러닝은 실제로 학습의 선택권을 확대하여 인생의 새로운 기회를 갖게 되는 가능성을 확장시켜 준다.

(3) 학습공간의 확대(expansion)

이러닝은 인터넷이 연결되는 곳이면 어디든지 학습활동을 수행할 수 있는 학습공간으로 활용할 수 있는 장점을 갖고 있다. 즉, 이러닝은 교실이나 강의실과 같은 특정의 학습공간이 아니면 학습을 할 수 없었던 제약을 탈피하여 국가, 지역, 공간 등 장소에 국한되지 않고 학습을 수행할 수 있어 학습활동을 촉진시키는 역할을 수행할 수 있다.

4) 이러닝에서 기술의 역할

이러닝에서 기술(technology)은 학습활동을 가능하게 촉진시켜 주는 환경의 하나이다. 즉, 이러닝은 인터넷 기술, HTML, Hyperlink, AJAX(Asynchronous JavaScript and XML), RIAs(Rich Internet Applications), RSS(Really Simple Syndication or Rich Site Summery), 폭소노미(folksonomies), 팟캐스트(podcast), 위키(wiki), 웹로그 또는 블로그(weblog, blog), 소셜 북마킹(social bookmarking) 등과 같은 다양한 웹 2.0 기술을 활용하여 학습내용에 용이하게 접근할 수 있도록 하였고, 학습자 자신이 선호하는 새로운 미디어나 기술을 활용한 학습을 통해 학습동기를 유발하고 학습의욕을 갖게 하는 데 일조를 하고 있다.

이러닝에서 기술적인 요소는 이러닝 도입 초기에 매우 중요하게 인식되었다. 즉, 네트워크의 속도, 멀티미디어 자료의 크기, 동영상의 크기와 품질, 음성의 품질, 콘텐츠를 개발할 수 있는 저작도구의 기능 등과 같은 기술적인 요소가 여타의 학습과 관련된 요소에 비해 중요하게 인식될 수밖에 없었다. 오늘날과 같은 기술발전이 이루어지기 전이었으므로 기술적인 요소가 갖추어지지 않으면 학습 자체가 수행될 수 없는 상황이었다는 점에서 그 원인을 찾을 수 있다.

이에 비해 최근에는 네트워크의 속도나 멀티미디어 자료의 전송량 등이 일상생활을 영위하는데 불편함이 없을 정도로 발전되었기 때문에 이러닝에서 중요한 요소는 기술적인 요소보다는 학습적인 요소라고 할 수 있다. 이러닝의 목적은 학습효과를 달성하는데 있는 것이지 다양한 신기술을 얼마나 잘 활용하고 있는지가 아니기 때문이다. 즉 이러닝의 학습효과를 극대화하기 위해서 신기술은 필요조건이지 충분조건은 아니라는 뜻이다. 충분조건은 학습적인 요소에서 찾아야 한다. 즉 학습과정을 어떻게 구성하고 운영하는 것이 효과적인지, 학습자의 요구를 충족시키기 위해서 학습욕구를 어떻게 도출하고 반영해야 하는지, 학습평가는 어떠한 기준과 방법으로 수행하는 것이 적절한지, 학습자를 어떻게 피드백하고 지원하는 것이 효율적인지, 학습자와 교수자, 또는 동료들과의 상호작용을 어떻게 지원하는 것이 효과적인지 등과 같은 요소들이 바로 이러닝의 성공을 좌우할 수 있는 요소이다.

용어정의 1-3

웹 2.0 기술

• AJAX(Asynchronous JavaScript and XML)
원격 웹 서버가 가지고 있는 데이터들을 웹 페이지에서 사용자들이 상호 교환할 수 있도록 지원해주는 프로그램을 구성하는 소프트웨어 개발 툴과 기술을 의미한다.

• RIAs(Rich Internet Applications)
어도비 플래시(Adobe Flash), 마이크로소프트의 실버라이트(Silverlight), 어도비 아폴로(Adobe Apollo) 기술 등과 같은 가상머신을 이용하여 사용자들이 고차원의 상호작용을 할 수 있도록 지원해주는 웹 응용프로그램이다.

• RSS(Really Simple Syndication or Rich Site Summary)
데이터 소스와 사용자 간의 정보를 쉽게 교류할 수 있도록 지원해 주는 기술이다. RSS를 사용하면, 정보를 쉽게 수집하기 위해 사용자가 웹 사이트로 다가가던 방식(push model)에서 정보가 있는 곳에서 바로 정보를 단일 페이지로 모을 수 있는 방식(pull model)으로 전환된다. RSS는 팟캐스팅(podcasting)의 기본 기술이자 대부분 블로그 소프트웨어의 특성이다. 특히 사용자가 등록한 사이트에 새로운 콘텐츠 등의 변화가 생기면 이를 사용자에게 자동으로 알려주는 Push 서비스를 RSS feed라 한다.

• 폭소노미(folksonomies)
'사람들'을 의미하는 "folks"와 '분류법'이라는 뜻의 "taxonomy"를 합성한 신조어이다. 메타데이터를 수집하는 새로운 형태의 방식을 의미하는데, 사용자들이 자신의 필요나 요구에 적합한 지식과 정보를 분류하고 우선순위를 정하는 등의 방법으로 인덱스(social index)를 구축하는 것을 의미한다.

• 팟캐스트(podcast)
인터넷을 통해 학습자의 컴퓨터나 MP3 플레이어로 오디오 내용을 자동으로 전달할 수 있다. 비디오 전송은 비디오 팟캐스트(video-podcast, vodcast)로 가능하다. (예) 애플의 아이튠즈유(iTunes U)

• 위키(wiki)
1995년에 뢰프와 커닝엄(Leuf & Cunningham)에 의해 도입된 기술이다. 하와이 원주민들의 언어 중 "빨리"를 의미하는 Wikiwiki에서 유래했으며, 지식관리를 위한 툴로 제공된다. 위키는 사용자들에게 온라인에서 콘텐츠를 저작하고 편집할 수 있는 기능을 제공한다. 또한 다른 사용자들이 그동안 수행한 활동을 모두 추적할 수 있고 과거 버전의 문서도 수정 히스토리를 활용할 수 있다. 이처럼 위키는 협력하여 내용을 저작하기 위한 툴로 사용된다. 위키피디아(Wikipedia)는 가장 잘 알려진 위키 시스템의 예이다.

• 소셜 북마킹(social bookmarking)
사회적 북마킹은 개인이 웹 페이지를 북마크하여 관리하는 기존 방식과 달리 여러 사용자에 의해 만들어진 인터넷 북마크를 온라인에 저장하여 공유하게 해주는 서비스이다. del.icio.us는 사회적 북마킹 툴을 통한 웹 공유 응용프로그램의 예이다.

• 웹로그 또는 블로그(weblog & blog)
1997년 버거(Berger)가 창안한 '웹에 기록을 남기는 것'이다. 웹로그(종종 블로그, 뉴스페이지, 또는 필터로 불림)는 웹로거(종종 블로거나 사전 탐색자로 불림)가 관심영역에서 발견한 다른 웹 페이지를 모두 '접속(log)'할 수 있는 것을 의미한다. 블로그의 주요 특징은 내용의 제시를 역시간적인 순서로 가능하게 한다. 블로그 소프트웨어는 일반적으로 많은 비평, 의견이 가능하고 다른 사이트로부터 뒤로 연결되는 트랙백(track back) 기능을 제공한다. 그와 같은 방식으로 분산적, 협력적, 상호 연계된 블로고스피어(blogo sphere)가 만들어졌다. 본래의 웹로그들은 링크로 연결된 사이트였다. 각각의 웹로그는 링크, 논평, 개인적인 생각과 에세이들이 독특한 비율로 섞여있다. 최근 웹로그는 일련의 개인적인 비평과 관찰만이 있는 곳이라고 빈번하게 비평받기도 한다.

자료: 박종선, 사이버학습의 이해(2009), pp.64-66

Chapter 2

사이버대학의 학습콘텐츠

Chapter 2

사이버대학의 학습콘텐츠

1 이러닝 학습콘텐츠의 이해

1) 이러닝 콘텐츠의 정의

이러닝 콘텐츠란 이러닝 학습을 위해 필요한 제반 내용을 담고 있는 코스웨어(courseware)를 의미한다. 일반적으로 이러닝 콘텐츠, 학습콘텐츠, 강의 콘텐츠, 교육용 콘텐츠, 코스웨어 등으로 불린다.

콘텐츠는 '인터넷이나 컴퓨터 통신 등을 통하여 제공되는 각종 정보나 그 내용물'로 텍스트, 이미지, 음악, 비디오 등을 의미하며(네이버, 2007), 이들은 서로 하이퍼링크로 연결되어 있는 특성이 있다(e-비즈니스정보센터, 2007).

이러닝 콘텐츠는 이러닝 환경에서 학습이 이루어질 수 있도록 텍스트, 이미지, 오디오, 비디오, 애니메이션 등의 다양한 멀티미디어의 형태로 표현된 결합물이나 연속물을 의미한다(김희배, 박인우, 임병노, 2005). 즉, 단순히 학습

용어정의 2-1

코스웨어(courseware)

컴퓨터를 활용하는 수업을 위한 학습콘텐츠라는 의미로, 수업을 뜻하는 코스(course)와 소프트웨어(software)가 결합된 용어이다. 코스웨어는 엄밀하게는 컴퓨터 환경에서 이루어지는 수업에 사용되는 주요 교재, 학습자료의 의미이나 범용적으로는 일반 오프라인 수업의 경우에도 사용되는 교재나 자료를 코스웨어로 표현하기도 한다. 최근에 네트워크를 기반으로 하는 이러닝 환경에서는 코스웨어보다는 학습콘텐츠라는 용어가 보편적으로 사용된다.

을 위한 내용 차원을 의미하기보다는 학습을 가능하게 하는 여러 구성요소의 결합체를 이러닝 콘텐츠로 볼 수 있다. 또한, 교육 및 교육지원에 활용할 목적으로 자료를 디지털 형태로 가공하여 오프라인, 온라인 및 모바일 환경에서 유통할 수 있도록 한 콘텐츠를 의미한다(한국교육학술정보원, 2002).

사이버대학에서 콘텐츠는 사이버대학의 교육을 목적으로 설계·개발된 학습내용 및 이를 지원하는 각종 학습 자원을 의미하며(유평준, 2003), 원격교육에서 서비스되는 온라인 교육용 콘텐츠는 협의의 의미로서 교육적 내용을 담는 콘텐츠보다는 광의의 의미로서 교육적 내용은 물론 학습을 촉진하는 제반 교육적 활동을 모두 포괄하는 의미이다(장은정, 2007). 협의의 이러닝 콘텐츠는 학습 목표 및 학습 내용을 분석하여 효과적이고 효율적인 이러닝 교수학습활동 및 각종 운영 전략, 평가 전략, 상호작용 전략 및 인터페이스 등을 포함한다고 할 수 있으며, 광의의 이러닝 콘텐츠는 이러닝을 통해 효과적이고 효율적으로 해결할 수 있는 대안을 실행하기 위한 교육 대상, 학습 목표, 학습 내용, 학습방법까지 포함하는 것으로 단지 내용 요소뿐만 아니라 학습을 진행하는 방법, 서비스 등을 포괄하는 것이다(한태인, 곽덕훈, 2006). 사이버대학의 콘텐츠는 이러닝을 서비스하는 모든 구성요소를 포함하는 것으로 규정할 수 있다(장은정, 서윤경, 정효정, 2010). 사이버대학의 학습은 주로 교육용 콘텐츠를 중심으로 학습관리시스템(LMS: Learning Management System) 상에서 교수자의 수업 운영 전략을 통하여 이루어지고 있으므로, 사이버대학 콘텐츠는 교육 내용을 전달하는 것을 넘어 학습자의 적극적인 수업 참여가 이루어질 때 보다 효과적이다(임연욱, 이옥화, 2008)

이와 같은 개념정의에 의하면, 사이버대학에서 활용되는 이러닝 콘텐츠는 협의의 의미인 학습내용은 물론 광의의 의미인 학습목표 달성을 위한 제반 학습활동을 포괄하는 수업운영의 의미까지도 포함하는 개념으로 인식되고 있다. 따라서, 이와 같은 개념정의를 기반으로 할 때, 사이버대학 콘텐츠에 대한 인식을 전환할 필요가 있다. 특히 이러닝 콘텐츠에 대한 인식은 온라인 수업맥락에서 규정할 필요가 있다. 대다수 교수나 학생들이 온라인 수업은 콘텐츠를 수강하면(들으면) 완료된다는 식의 인식으로 인해 단순 내용전달식 수업의 콘텐츠가 양산되고 있다. 때문에 이러닝 수업 내에서 학습자들의 학습활동에 초점을 맞추고 콘텐츠 유형을 고려할 필요가 있다(박종선, 2008, p.54).

2) 학습콘텐츠의 유형 분류

(1) 교수-학습 특성에 따른 유형

학습콘텐츠는 학습목표와 교수-학습과정의 특성에 따라 다음과 같이 분류할 수 있다(한국교육학술정보원, 2002).

표 2-1 학습콘텐츠 유형(교수-학습 특성)

유 형	특 성
개인교수형 (tutorials)	교수자의 설명을 통해서 새로운 개념, 원리 등의 내용을 습득하는데 활용되는 유형
반복연습형 (drill & practices)	기본 개념이나 원리 등을 알고 있는 상태에서 보다 정교하게 숙달시킬 필요가 있을 때 반복연습의 원리를 활용하여 학습할 수 있도록 개발한 유형
시뮬레이션형 (simulation)	개념 및 원리 등을 실제 실험을 통하지 않고 가상적인 실험을 통해서 습득하는 유형으로 시간이나 비용을 절감하거나 위험을 방지할 수 있는 유형
교육 게임형 (instructional games)	승부 등 게임의 원리를 활용하여 학습내용을 습득할 수 있도록 개발한 유형으로 학습동기유발에 매우 도움이 되는 유형
사례기반 추론형 (case based reasoning)	학습주제에 대한 사례를 중심으로 학습하는 과정에서 학습원리를 알 수 있도록 유도하는 유형
스토리텔링형 (storytelling)	학습주제에 관한 상황을 중심으로 스토리를 전개시켜 그 과정에서 학습내용을 습득할 수 있도록 지원하는 유형
토론학습형 (discussion based learning)	학습주제에 대한 토론활동 과정을 통해서 학습내용을 습득하는 유형
자원기반학습형 (resources based learning)	학습주제와 관련된 다양한 인적, 물적 학습자원을 활용하여 학습할 수 있도록 지원하는 유형
문제중심학습형 (problem bases learning)	특정 정답이 없는 다양한 해결안을 찾는 과정을 중심으로 문제해결능력을 습득할 수 있도록 구성한 유형
목표기반 학습형 (goal based scenario)	실제 적용능력을 육성하기 위한 학습과정으로 특정 학습주제에 대한 시나리오를 구성하여 그 과정에서 문제해결능력을 습득할 수 있도록 구성한 유형

(2) 개발 매체 특성에 따른 유형

학습콘텐츠는 개발에 사용되는 매체의 특성에 따라 다음과 같이 구분할 수 있다.

표 2-2 학습콘텐츠 유형(개발 매체 특성)

유 형	특 성
VOD (Video On Demand) 유형	사이버대학에서 주로 활용하는 콘텐츠 유형(85% 이상)으로, 학습내용을 전달할 목적으로 진행되는 동영상 강의 콘텐츠를 의미함. 동영상 강의는 주로 상반신 크로마키, 칠판, 가상스튜디오 등을 활용하여 개발함
AOD (Audio On Demand) 유형	교수자의 음성과 화면에 제시되는 학습내용을 동기화하여 개발하는 유형으로 내용전달에 효과적으로 활용이 가능하도록 개발함
WBI 유형	대부분의 학습내용을 음성, 텍스트, 이미지 등을 활용하여 학습자가 자기주도학습을 할 수 있도록 개발하는 유형으로 교수설계가 매우 강조되는 유형임
저작도구(Authoring Tool) 활용 유형	강의자료 PPT와 교수의 음성 설명을 기반으로 다양한 저작도구(eStream, Camtasia, Lecture Maker, Captivate 등)를 활용하여 내용전달을 위주로 콘텐츠를 개발하는 유형으로 교안설계가 용이하고 따라하기 등의 실습유형의 콘텐츠 개발에 활용됨
Flash 사용유형	스토리텔링 등 화면에서의 역동적인 상호작용을 플래시 애니메이션(flash animation)을 활용하여 학습내용을 전달하거나 습득할 수 있도록 개발한 유형으로 매우 다양한 화면구성이나 내용제시 기법을 활용하여 개발함

2 이러닝 학습콘텐츠의 개발 과정

이러닝 콘텐츠 개발은 그 성격에 따라 신규 콘텐츠를 개발하는 프로젝트, 기존의 콘텐츠를 개선하고 보완하는 프로젝트, 순수하게 이러닝으로만 운영되는 콘텐츠 개발, 온라인과 오프라인을 통합한 블랜디드 러닝(blended learning)을 위한 콘텐츠의 개발 등이 있을 수 있다. 그러나, 대부분의 이러닝 콘텐츠 개발 과정은 학습콘텐츠를 분석, 설계, 개발, 활용 및 평가하는 절차로 구성된다. 즉, 이러닝

단계	프로세스	수행 업무	주요 산출물
분석 (analysis)	요구 분석 학습자 분석 / 환경 분석 / 직무(내용) 분석	• Kick-Off 미팅 • 교육대상자 분석 • 현존자료 분석 • 교육인프라 분석 • 요구 분석 피드백	• 착수보고서
설계 (design)	교수전략 및 매체 선정 모듈별 설계(스토리보드) 프로토타입 개발 평가전략 개발	• 작업계획 수립 • User Interface 설계 • 교안분석 • 스토리 보딩 • 평가방법 설계 • 프로토타입 제작	• 교수설계전략서 • 스토리보드 • 프로토타입 • 화면설계 (UI : User Interface)
개발 (develop)	웹 개발 미디어 제작 테스트 피드백 · 수정	• HTML 코딩 • XML 코딩 • 멀티미디어 파일제작 • 시험계획 수립 • 시험	• 제작된 매체 파일 (오디오, 동영상) • 최종 콘텐츠
실행 (implement)	서버 포팅 · 시범운영	• 포팅계획/일정수립 • 파일럿 테스트 • 시범운영 결과 피드백	• 포팅 확인서 • 유지보수 계획서 • 산출물 명세서
평가 (evaluation)	학습자 반응평가 학습내용 평가 학업성취도 평가	• 수정사항 반영 • 유지보수 지원	• 최종완료보고서

그림 2-1 이러닝 콘텐츠 개발 프로세스

콘텐츠개발은 교수체제설계(ISD: Instructional Systems Design/Development)에 기반을 둔 ADDIE모형(Analysis, Design, Development, Implementation and Evaluation: 분석, 설계, 개발, 실행 및 평가)에 의해서 추진되는 것이 일반적이다. 그림 2-1은 교수체제설계(ISD)에 기반을 둔 ADDIE모형을 따르는 이러닝 콘텐츠의 개발과정을 보여주고 있다.

1) 이러닝 콘텐츠의 분석 단계

이러닝 콘텐츠 개발을 위한 분석과정은 필요한 전반적인 정보를 수집하여 개발할 과정에 대한 요구사항을 분석하는 단계이다. 이를 위해 개발하고자 하는 과정에 대한 전반적인 요구, 학습자, 학습내용, 학습환경 등을 분석하여 과정의 목표를 설정한다.

(1) 요구 분석

개발하고자 하는 과정에 대한 교육요구, 학습자 개개인의 학습요구, 기 개발된 타사 학습콘텐츠의 특성 등을 조사하고 파악한다. 요구 분석은 여러 가지 도구와 방법에 의해 수행되는데 가장 일반적인 도구는 현존자료 분석, 설문조사, 소집단 면접, 관찰 등이 활용된다. 요구 분석 방법은 그 대상과 목적에 따라 매우 다양하지만, 직무분석 및 학습과제(학습내용) 분석, 학습자 분석, 상황 분석, 기술 분석 등이 자주 사용된다. 요구 분석은 이러닝 콘텐츠를 설계하고 개발하기 이전에 수행되므로 요구 분석을 적절하게 수행하는 것과 수행하지 않는 것은 이러닝 콘텐츠의 개발 결과에서는 상당한 차이를 유발할 수 있다. 때문에 요구 분석의 중요성은 아무리 강조해도 지나치지 않을 정도로 중요하다. 이러닝 콘텐츠를 개발하는 과정에서 개발기간이 부족하거나 수행 일정이 촉박하다는 이유로 인해서 요구를 철저하게 분석하지 않고 적당히 도출하거나, 요식행위로 진행하는 경우가 간혹 발생한다. 이러닝 콘텐츠를 개발하는 과정에서 교수설계자들이 아주 경계해야 할 첫째 대상이다.

(2) 학습자 분석

학습자 분석은 학습자가 지니고 있어야 할 선수학습기능과 학습자의 특성에 대한 분석을 의미한다(Dick & Carey, 1990). 이를 위해 학습자의 일반적인 특성, 학습스타일, 학습에 대한 선호도, 선수학습의 내용이해 수준, 집단의 성향 등을 조사한다. 학습자 분석은 학습자 개개인에게 맞는 학습내용과 차별화된 학습활동을 제공하기 위해서 학습자가 현재 보유하고 있는 지식과 능력을 파악하는 것을 의미한다. 학습자의 현재 지식상태를 분석하는 이유는 향후 설계 및 개발될 교육체계, 교육과정 및 학습콘텐츠 등에서 학습대상에 대하여 특별히 고려해야 할 사항은 없는지를 결정하기 위한 것이다. 또한 교수-학습을 실계하는 과정에서 학습자가 도달해야 할 목표를 설정하여 목표기반의 학습을 진행하기 위한 첫 단계가 바로 학습자 분석이다. 학습자 분석은 교수체제설계(ISD) 기반의 모형에서 교수-학습전략을 수립하기 위한 전 단계인 요구 분석 단계의 학습대상에 대한 요구를 분석하기 위하여 수행한다. 학습자를 분석하기 위한 방법은 현존자료, 설문조사, 면담 등이 사용되며, 가장 자주 사용되는 방법은 현존자료와 설문조사이다.

(3) 학습환경 분석

학습자가 활용 가능한 컴퓨터 하드웨어, 소프트웨어, 인터넷환경, 학습 공간, 학습 가능시간 등을 조사한다. 학습콘텐츠를 개발하는 과정에서 학습자의 실제적인 학습환경에 대한 분석을 실시하는 것을 의미하며, 학습자의 인터넷 사용환경, 컴퓨터 활용 가능 여건 등은 학습자가 이러닝을 수행하는데 직접적으로 관계되기 때문에 이러한 요인을 고려하는 것은 학습활동의 효과를 높이고 사용되는 학습콘텐츠의 특성을 도출하는 데 도움이 된다.

(4) 학습내용 분석

학습내용 분석은 학습목표의 달성에 적합한 학습내용을 도출하여 구조화 하는 것을 의미한다. 이러닝 콘텐츠나 교육과정에서 활용할 학습내용은 여러 가지 방법에 의해서 도출하거나 구조화할 수 있다. 즉, 교육내용이나 학습내용은 새롭게 도출할 수도 있고, 기존에 구조화 되어 있는 내용을 분석하여 필요에 맞게 재구조화해서 사용할 수도 있다. 학습내용을 분석하거나 구조화하는 방법은 교수 분석, 학습과제 분석, 직무 분석 등이 있다.

(5) 개발과정의 목표 설정

여러 분석결과를 종합하여 도출한 구체적인 학습콘텐츠의 목표를 진술한다.

2) 이러닝 콘텐츠의 설계 단계

이러닝 콘텐츠의 설계는 이전의 분석 단계에서 작성된 학습콘텐츠 분석결과와 개발목표를 고려하여 해당 콘텐츠의 목표를 달성하기 위한 최적의 설계를 수행하고 구체화하는 작업을 의미한다.

(1) 설계개요서 작성

분석단계의 내용을 바탕으로 개발할 콘텐츠의 설계전략, 콘텐츠 개발 전략 등을 문서화한다. 설계개요서가 상세할수록 이후 과정에 도움이 된다.

(2) 학습흐름도(flow chart) 작성

개발을 위한 상세 설계 작업과정으로 학습의 시작부터 마무리까지의 학습흐름 등을 한눈에 파악할 수 있도록 기호를 사용하여 흐름도를 작성한다.

(3) 원고작성 가이드 설계

내용전문가(SME: Subject Matter Expert)가 과정 기획 방향 및 의도에 맞게 효과적으로 원고를 작성할 수 있도록 가이드라인을 제시한다.

(4) 스토리보드 설계

스토리보드는 콘텐츠의 개발이 완료된 후의 모습을 표현한 것이다. 화면의 구성, 화면 단위의 내용제시 분량과 위치, 메뉴의 내용과 제시 위치, 진행방법 등과 같은 구체적인 설계 안을 화면단위로 작성한다.

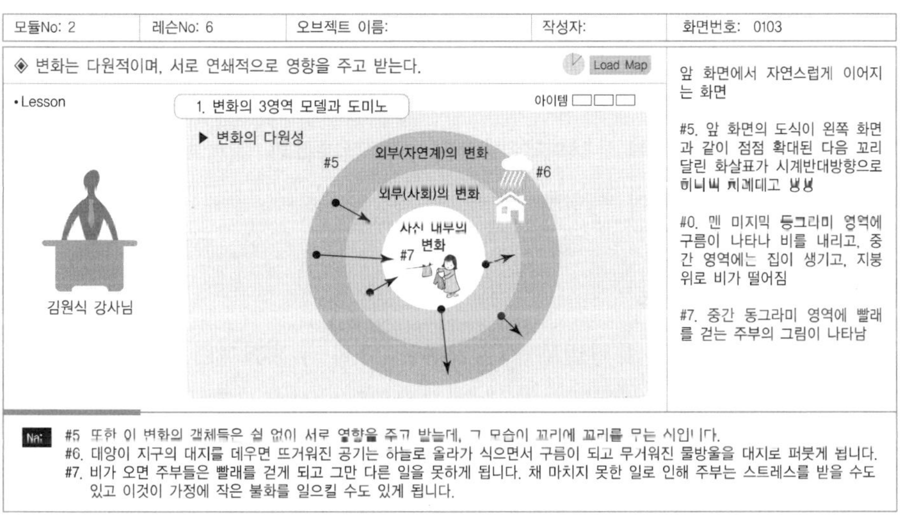

그림 2-2 스토리보드의 예시 자료

스토리보드(storyboard)는 이러닝 콘텐츠 개발과정에서 매우 주요한 역할을 한다. 스토리보드는 통상적으로 교수설계자가 작성하게 되는데, 학습 및 평가 내용, 교수학습모형 및 방법, 학습지원도구, 인터페이스 방법, 설계자와 개발자의 커뮤니케이션 방법, 개발을 위한 지침 등의 내용이 담겨있기 때문이다.

특히, 스토리보드에 의해서 이러닝 학습콘텐츠의 구현이 시작되기 때문에 스토리보드의 중요성은 아무리 강조해도 지나치지 않는다.

3) 이러닝 콘텐츠의 개발 단계

이러닝 콘텐츠 개발 과정은 실제 산출물인 학습콘텐츠를 생성해 내는 과정으로 개발 결과물은 이러닝 학습콘텐츠가 된다.

(1) 설계안 검토

설계과정에서 산출된 설계 개요서, 학습흐름도, 스토리보드 등을 다시 검토하여 개발을 위해 필요한 사항을 기록한다.

(2) 프로토타입 개발

설계과정에서 산출된 설계서를 기반으로 실제 개발될 학습콘텐츠의 1차시 또는 1주차 분량의 프로토타입을 개발한다. 프로토타입 개발을 통해서 설계안, 원고, 스토리보드, 개발 결과물, 개발 프로세스 및 품질 등에 대한 제반 평가를 수행할 수 있고, 향후 본격적으로 개발될 개발결과물과 개발과정에 대한 보완사항을 사전에 규명하여 반영할 수 있다.

(3) 개발일정 계획 검토

개발할 콘텐츠의 각 유형별로 개발일정을 다시 구체화한다.

(4) 개발 수행

필요한 콘텐츠를 개발한다. 이때 개발 일지를 작성하여 개발된 결과를 정리한다.

(5) 형성평가

개발 진행 과정과 결과물에 대한 평가를 수행한다.

4) 이러닝 콘텐츠의 운영 및 평가 단계

이러닝 콘텐츠 개발 단계에서 운영 및 평가는 개발과정에서 도출된 학습콘텐츠의 효과를 분석하기 위하여 운영할 서버에 콘텐츠를 등록(업로드)하여 예비로 실행해보고 평가하는 것을 의미한다.

(1) 평가의 계획

콘텐츠 개발 프로젝트 전 과정의 개발 기록을 토대로 결과물에 대한 평가목적을 설정하고, 근거 및 평가 대상, 평가 내용을 확인하고 평가의 일정을 계획한다. 평가의 형태는 학습 대상자의 응답형태, 학습의 결과, 현업적용도, 조직에의 기여도 등으로 구성할 수 있다.

(2) 평가도구의 제작 및 타당화

프로젝트 결과물에 대한 평가 기준을 결정하고, 이 기준에 따라 평가도구를 선정 또는 제작한 다음, 이 도구의 타당화 과정을 통해 검증한다.

(3) 사용성 테스트(usability test) 실시

학습자가 실제 학습하는 상황에서의 내용 적합성, 메뉴 등의 사용 편리성, 난이도의 적합성 등에 대해 평가할 수 있도록 만든 평가지를 활용한다.

(4) 평가결과 처리

실제로 평가를 실시한 후에 그 결과를 처리하여 보고한다.

(5) 평가결과의 분석 및 활용

개발된 이러닝 콘텐츠의 질과 효과성을 판단하기 위해 평가결과 분석을 토대로 평가 보고서를 작성한다.

3 이러닝 학습콘텐츠의 개발 인력

이러닝 콘텐츠 개발은 교수자나 프로그램 개발자와 같이 특정 인력이 단독으로 개발할 수 없다. 이러닝 콘텐츠의 특성상 학습내용, 인터넷 기술, 프로그램 개발 기술, 멀티미디어 구현 기술 등 매우 다양하고 복잡한 분야의 전문적인 역량이 요구되기 때문이다. 이러닝 콘텐츠 개발은 특정 학습내용에 전문성을 갖고 있는 내용전문가(SME: Subject Matter Expert), 수업목표 달성을 위해 다양한 수업활동을 효과적으로 설계할 수 있는 교수설계자(instructional designer), 그래픽, 웹 프로그래밍, 애니메이션, 오디오, 비디오 촬영 및 편집 기술 등 멀티미디어 분야의 구현 기술을 갖고 있는 콘텐츠개발자(web developer), 컴퓨터 시스템, 데이터베이스, 네트워크 환경 등의 분야에 전문성을 갖고 있는 시스템엔지니어(system engineer) 등이 팀으로 참여하게 된다. 다음은 이들의 역할을 제시하는 자료이다.

표 2-3 학습콘텐츠 개발 인력의 역할

개발 인력	수행 역할
내용전문가 (subject matter expert)	내용전문가들은 개발할 이러닝 콘텐츠의 학습내용에 대한 전문성을 갖고 학습목표와 학습환경을 학습자 특성에 맞는 학습내용을 구성하고 조직화하는 역할, 즉 원고를 집필하는 역할을 담당
교수설계자 (instructional designer)	이러닝 교수설계 프로젝트의 분석, 설계, 개발, 활용, 평가 각 단계에서 요구되는 일반적 교수설계자의 역할들을 유연하고 다양하게 수행하며, 테크놀로지에 대한 지식과 기술을 갖추고 구성원들과 효과적으로 의사소통을 하면서 이러닝 개발에 참여 및 지원하는 사람
콘텐츠개발자 (contents developer)	이러닝 콘텐츠 개발에 필요한 지식과 하드웨어적 솔루션을 결합하여 다양한 멀티미디어 자료들을 상황에 맞게 구현하는 작업을 수행하며, 용도 및 목적에 맞게 멀티미디어 자료들을 기획, 설계, 제작하는 작업을 수행하는 사람으로, 실제 수행직무에 따라 그래픽 제작자, 플래시 제작자, 동영상 제작자, 웹 프로그램 개발자, 스크립터 등이 해당함
시스템 엔지니어 (system engineer)	시스템에 대한 전반적인 이해를 바탕으로 시스템을 구축하기 위한 분석에서부터 기획, 설계 그리고 실제 기능을 구현하고 개발하며 나아가 시스템의 유지, 보수를 수행하는 사람

이와 같은 이러닝 인력 중에서 이러닝 콘텐츠 개발 프로젝트를 수행하기 위한 팀은 프로젝트 관리자, 교수설계자, 콘텐츠 개발자, 개발 분야의 내용전문가 등으로 구성된다. 이러닝 콘텐츠 프로젝트는 소규모로 단기간에 개발하는 경우도 많기 때문에 규모에 따라서는 프로젝트 관리자가 별도로 구성되지 않고, 교수설계자나 콘텐츠 개발자 등과 같은 인력 중에서 경험과 역량이 있는 사람이 프로젝트 관리자의 역할을 병행하는 경우도 많다. 이러닝 프로젝트 참여인력의 정의 및 역할은 다음과 같다.

1) 교수설계자

이러닝 교수설계자는 정규·비정규 교육기관에서 요구하는 이러닝 콘텐츠의 개발을 기획하고, 콘텐츠 개발전략을 체계적으로 수립하며 이를 토대로 콘텐츠 개발의 전 과정을 관리하여 개발결과를 분석·지원하는 직무를 수행하는 사람이다(한국직업능력개발원, 2006). 이러한 정의를 바탕으로 2007년에는 이러닝 교수설계자의 직무를 좀 더 구체적으로 세분화하여 콘텐츠 개발을 위해 교수학습전략을 수립하고 설계하는 직무, 교수학습 원리를 기반으로 구체적인 코스웨어를 설계하는 직무, 학습내용을 구조화하고 설계하여 화면을 구체적으로 설계하는 직무를 담당하는 자로 정의하였다.

이와 같은 직무를 기반으로 교수설계자의 역할을 한국직업능력개발원(2006)에서는 기획, 설계, 개발 및 사후관리의 4가지 영역으로 구분하였고, 한국전자거래진흥원(2007)에서는 교수설계자의 실무 내용을 바탕으로 교수학습 전략수립, 테크놀로지 분석 및 운영, 평가전략 수립, 프로토타입 설계, 스토리보드 설계의 5가지로 구분하였으며 각각에 해당하는 구체적인 역할을 제시하였다.

이와 같은 교수설계자의 역할은 주로 이러닝 콘텐츠를 개발하는데 초점을 맞추고 있으나, 최근에는 이러닝 시스템을 구축 시에 시스템의 학습지원기능을 분석하고 설계하는 과정에서 교수설계자가 주요한 역할을 수행하고 있다. 또한 추진하는 컨설팅 프로젝트의 규모에 따라서 교수설계자가 요구 분석을 수행하는 등의 이러닝 컨설턴트를 지원하는 역할을 수행하는 경우도 있다.

2) 콘텐츠 개발자

콘텐츠 개발자는 이러닝 콘텐츠 개발에 필요한 지식과 하드웨어 솔루션을 결합하여 다양한 멀티미디어 자료들을 상황에 맞게 구현하는 작업을 수행하며 용도 및 목적에 맞게 멀티미디어 자료들을 기획, 설계, 제작하는 작업을 수행한다. 콘텐츠 개발자가 하고 있는 직무는 다양하여 그래픽 제작자, 플래시 제작자, 동영상 제작자, 웹 프로그램 개발자, 스크립터 등 다양한 명칭을 갖고 있기도 하다.

한국직업능력개발원(2007)에서는 콘텐츠 개발자가 실제 제작하는 멀티미디어를 중심으로 그래픽·동영상·오디오제작 웹 프로그램 개발의 역할을 담당하고, 그 안에 세부적인 역할을 수행하는 것으로 제시하고 있다. 한국전자거래진흥원(2007)의 연구에서는 콘텐츠 개발자의 역할을 이러닝 콘텐츠 개발의 프로세스를 중심으로 프로토타입 개발, 콘텐츠 개발, 콘텐츠 포팅, 파일럿테스트, 프로젝트 평가, 산출물 관리, 고객관리 등으로 제시하고 있다.

3) 시스템 개발자

시스템 개발자는 이러닝 콘텐츠를 원활하게 돌아가게 하는 기술적 인프라를 개발하고 제공하는 하드웨어적인 시스템을 개발하는데, 네트워크 관리자와 서버 프로그래머 등을 시스템 개발자라고 할 수 있다. 한국직업능력개발원(2007)에서는 시스템 개발분야를 시스템 기획자와 시스템 개발자로 나누어 제시하고 있다. 시스템 기획자는 이러닝의 특성을 이해하고, 이를 실현하기 위하여 시스템 구축의 목표를 설정하며, 필요한 자료와 조사를 통해 요구사항을 도출하여, 시스템에 필요한 기능 정의와 설계를 수행하는 자를 의미한다. 시스템 개발자는 시스템 설계서에 따라 각 모듈별, 단위별 기능을 구현하고 개발하며, 개발된 시스템의 개선 업무 및 운영 서비스 중인 시스템의 유지 보수를 수행하는 직무를 수행한다. 이러한 정의에 따르면, 시스템 개발자라고 해서 시스템을 개발하는 일만 하는 것이 아니라 시스템에 대한 전반적인 이해를 바탕으로 시스템을 구축하기 위한 분석부터 기획, 설계 그리고 실제 기능을 구현하고 개발하며 나아가 시스템의 유지, 보수를 수행하는 직무임을 알 수 있다.

4) 내용 전문가

내용전문가들은 개발할 이러닝 콘텐츠의 학습내용에 대한 전문성을 갖고 학습목표와 학습환경, 학습자 특성에 맞는 학습내용을 구성하고 조직화 하는 역할, 즉 원고를 집필하는 역할을 담당한다. 내용전문가들은 이러닝 콘텐츠 개발과정에서 원고를 집필하는 역할과 함께 개발된 학습콘텐츠의 내용검수를 수행하고 잘못된 부분은 수정하는 역할을 수행한다.

4 이러닝 학습콘텐츠의 평가

이러닝 학습콘텐츠는 이러닝 학습의 효과와 관련된 품질요인 중에서 가장 중요하게 다루고 있는 요인이다. 최근에는 이러닝의 학습효과와 관련해서 콘텐츠뿐만 아니라 교수자와 학습자의 역할 등을 포함하는 운영의 품질이 중요한 요소로 부각되고 있는 상황이지만, 학습콘텐츠의 품질에 대한 관심과 중요성은 여전히 지속되고 있다.

이러닝 학습콘텐츠는 설계 및 개발품질을 확인하고 보완하는 1차 개발과정에서 수행되며, 개발이 완료된 후에는 실제 운영에 앞서서 여러 기관의 2차적인 평가를 통해 사전 인증이나 품질관리를 수행하고 있다. 예를 들면, 한국교육학술정보원(KERIS)의 이러닝 콘텐츠 평가 기준에 의한 평가, 한국직업능력개발원(KRIVET)의 이러닝 콘텐츠 평가 기준에 의한 평가, 지식경제부 정보통신산업진흥원(NIPA)의 통합적 품질관리 차원에서의 이러닝 콘텐츠 평가 기준에 의한 평가 등이 시행되고 있다. 이와 같은 기관에서 이러닝 콘텐츠를 평가하는 기준은 공통된 부분을 포함하여 다소 차이가 있는 기준항목을 포함하고 있다. 때문에 이러닝 콘텐츠를 평가하기 위한 평가기준은 여러 가지가 있을 수 있다.

1) 이러닝 학습콘텐츠의 평가기준

이러닝 학습콘텐츠의 평가기준은 기관에 따라 다소 차이를 보이고 있으나, 학습콘텐츠 구성의 특성상 학습내용과 교수학습설계의 2개 부분으로 구성되어 있는 것이 보편적이다. 이러한 구성상의 특성에 따라 학습콘텐츠에 대한 평가는 각 분야의 전문가들이 평가하게 되는데, 학습내용부분은 각 분야 내용전문가들이 평가하고, 교수학습설계부분은 교육공학자들이 평가를 담당하는 것이 일반적이다. 그러나, 일부 평가항목에 따라서는 내용전문가들과 교육공학자들이 공동으로 평가를 담당하게 되는 부분도 있다. 학습목표의 적합성이나 윤리성 등이 그러한 부분에 속하는 예가 될 수 있다. 이러닝 학습콘텐츠를 평가할 때 일반적으로 고려해야 할 평가기준은 다음과 같다.

(1) 학습내용의 평가기준

학습내용은 교육의 핵심이라 할 수 있는 '무엇을' 가르칠 것인지를 의미하는 것으로, 학습자에게 제공되는 지식과 기술, 학습자원 등과 같은 정보를 포괄한 학습 내용물을 의미한다. 학습내용은 수준, 학습시간, 발달단계 등과 같은 학습자의 여러 가지 특성을 고려하여 구성해야 한다. 일반적으로 학습내용을 평가할 때 고려되는 평가기준은 학습목표, 학습내용의 선정기준, 구성 및 조직, 난이도, 학습분량, 보조 학습자료, 내용의 저작권 등이 해당한다. 각각의 평가기준은 다음과 같은 내용을 고려하면 도움이 된다.

① **학습목표**: 명확하고 적절하게 제시되고 있는가?
② **학습내용 선정**: 학습자의 지식, 기술, 경험의 수준에 맞게 적합한 학습내용으로 구성되어 있는가?
③ **학습내용 구성 및 조직**: 학습내용을 체계적이고 조직적으로 구성하여 제시하고 있는가?
④ **학습난이도**: 학습내용은 학습자의 수준이나 발달단계에 맞게 구성되어 있는가?
⑤ **학습분량**: 학습내용을 학습하기에 적합한 학습시간을 고려하고 있는가?

⑥ **보충심화 학습자료**: 보충심화 학습자료는 학습자 수준을 고려하여 내용과 분량을 적절하게 제공하고 있는가?

⑦ **내용의 저작권**: 저작권은 저작자가 자기 저작물의 복제, 반영 등에 대해 독점적으로 이용할 수 있는 권리를 의미한다. 이러닝 콘텐츠 역시 저작권을 적용하여 평가기준에 반영하여 저작권에 대한 권리를 확보하도록 강화하고 있다. 따라서 이러닝 콘텐츠의 평가기준 중 저작권에 대한 내용은 최근에 매우 주요하게 활용되는 기준이므로, 학습내용이나 보조자료의 저작권을 확보하기 위한 방안이 고려되고 있는지를 평가해야 한다.

(2) 교수설계의 평가기준

교수설계는 이러닝 학습콘텐츠에서 학습목표 달성을 위해 '어떻게' 가르칠 것인지에 초점을 맞추고 적절한 교수전략과 방법을 활용할 수 있도록 체계적으로 계획하는 것을 의미한다. 교수설계는 학습성과를 극대화할 수 있도록 조직적이고 체제적인 접근이 필요하다. 교수설계를 평가할 때 고려되는 평가기준은 요구분석, 교수학습전략, 상호작용, 교수학습 지원체계, 평가 등의 요소가 해당한다.

① **요구분석**: 이러닝 콘텐츠를 개발하기 위해 학습자, 학습환경, 학습내용에 대한 요구분석은 적절하게 수행되었는지를 파악할 수 있어야 한다.

② **교수학습전략**: 학습자들의 학습의욕을 갖고 적극적인 학습활동을 수행할 수 있도록 적절한 학습전략을 고려하고 있는지를 평가하는 것으로, 학습자의 수준에 적합한 학습내용과 전략을 선정하여 수준별 학습을 가능하게 고려하고 있는지, 학습자의 성공적인 학습을 위해 학습동기를 유발하고 유지하도록 설계되어 있는지, 학습자 스스로 학습에 참여하고 학습을 지속할 수 있도록 자기주도학습전략을 고려하고 있는지, 학습자료들을 설명하기 위해 다양한 형태의 미디어를 고려하여 설계되어 있는지, 학습화면의 구성 및 배치는 일관성이 있고 적절한지, 학습진행을 위한 인터페이스는 적합하게 고려하고 있는지 등에 대한 내용을 포함해야 한다.

③ **상호작용성**: 이러닝의 학습효과와 직접적인 관계를 갖고 있는 요소가 학습자와 학습내용, 학습자와 교수자 또는 튜터, 학습자와 학습자 동료, 학습자와 운영자 등과의 다양한 상호작용 활동이 활성화 되도록 설계되어 있는가를 고려해야 한다. 이러닝에서의 상호작용은 학습성공 여부의 관건이 되는 학습자의 능동적인 학습참여를 유도하고 학습활동을 활성화하기 위해서 매우 주요한 역할을 하기 때문이다. 학습자와 교수자, 또는 튜터와의 상호작용이 얼마나 활성화 되도록 어떠한 전략을 고려하고 있는지, 학습자와 내용간 상호작용이 활성화 되도록 어떠한 교수학습전략을 고려하고 있는지, 학습자 동료들 간의 상호작용을 활성화하고 사회적인 상호작용을 촉진할 수 있도록 하기 위해서 어떠한 전략이 활용되고 있는지 등을 평가할 필요가 있다.

④ **학습지원체계**: 이러닝 콘텐츠 평가기준에서 지원체계 영역은 학습자와 교수자의 교수-학습과정을 지원하기 위한 내용 뿐 아니라 지원방법, 도구 등을 포함하고 있다. 학습자의 학습활동에 대한 고려와 더불어 교수자의 특성 등을 토대로 학습활동을 촉진시킬 수 있는 방안을 모색하는 것이다.

⑤ **지원내용**: 학습목표를 효율적으로 달성하기 위하여 투입되는 인적·물적 자원 및 환경을 의미하는 것으로, 학습활동을 지원하는 시스템과 인적, 물적 자원의 선택 및 지원방법, 지원도구의 적용 정도 등을 평가해야 한다.

⑥ **학습평가**: 이러닝에서는 교수목표에 비추어 학습자의 행동 변화에 관한 의사 결정을 내리는 학습자 평가와 교육과정, 학습과제, 교수방법의 효과 등을 학습의 단계에 따라 평가하는 교육과정 운영에 대한 평가를 모두 고려해야 한다. 따라서 평가영역에서는 평가를 위한 문항들의 특성을 고려하는 평가내용, 학습의 단계에 따라 참작되는 평가방법, 평가도구, 평가결과에 대한 피드백 등에 관한 내용 등이 적합하게 고려되고 있는지를 알아야 한다.

⑦ **재사용성**: 이러닝 콘텐츠에서 재사용성은 기 개발된 콘텐츠의 학습 구조를 토대로 다른 콘텐츠를 개발할 때, 학습내용이나 과정의 구조를 일부 수정하여 사용할 수 있도록 설계하는 것을 의미한다. 즉, 재구조화하여 내용의 일부만을 수정, 보완할 수 있도록 하는 것으로 하나의 과정을 토대로 여러 형

태로 재구성해서 사용할 수 있도록 설계하는 등 활용도를 높이기 위함이다. 학습의 과정이나 목적에 따라 또는 과정의 수준에 따라 재구성이 가능할 수 있도록 모듈화 되었는지에 대한 내용을 포함한다. 이러닝 콘텐츠의 재사용성은 표준을 적용하고 있는지의 여부와 관련되기 때문에 SCORM, IMS Common Cartridge 등 이러닝 콘텐츠 표준의 적용여부와 연계해서 평가할 필요가 있다. 이와 함께 이러닝 콘텐츠의 공유유통에 관한 평가도 고려해야 한다. 이 역시 이러닝 콘텐츠의 표준화를 기반으로 평가되야 하므로 공유유통을 위한 메타데이터의 적용여부, 이를 활용한 검색의 용이성 등을 평가할 필요가 있다.

⑧ **윤리성**: 이러닝 콘텐츠의 기획 단계부터 설계, 제작의 모든 단계에서 고려되야 하는 윤리성은 콘텐츠가 사회적으로 지켜야 할 도리 및 규범을 포함하고 있어야 한다는 뜻이다. 따라서 콘텐츠가 사회 공통의 윤리로 받아들여질 수 있어야 하며, 주관적이지 않고 사회적으로 객관성과 보편성을 가지고 있는 내용으로 구성되어 있는지를 평가할 필요가 있다. 대부분의 이러닝콘텐츠 평가기준에서 윤리성 여부는 콘텐츠의 적합/부적합을 판단하는 척도의 하나이기 때문에 매우 주요한 평가기준의 하나이다.

2) 기관별 이러닝 학습콘텐츠의 평가기준

(1) 한국교육학술정보원의 교육용 콘텐츠 품질인증

한국교육학술정보원의 콘텐츠 품질인증 평가대상으로는 교육지원용 콘텐츠, 교수학습용 콘텐츠, 교육용 소프트웨어(교수학습지원용과 학교행정업무용) 등이 있다.

다음의 표 2-4를 통해서 세부 내용을 알 수 있다.

표 2-4 한국교육학술정보원 교육용 콘텐츠 품질인증 평가대상

구 분		특 징
교육지원용 콘텐츠		• 수업전략을 포함하여 수업의 도입, 전개, 정리, 평가 등 각 단계별 계획이 다양한 매체의 교육자료와 통합하여 구현된 콘텐츠 • 교육과정에서 명시하고 있는 교과 및 특정 주제와 관련한 학습활동에 필요한 학습자료DB 콘텐츠
교수학습용 콘텐츠		• 학습자가 자기주도적으로 프로그램과 상호작용을 통해 교육목적을 달성할 수 있는 콘텐츠 • 학습자가 게임을 통해 특정 내용을 학습하거나, 학습내용에 관한 평가를 받을 수 있도록 제작된 콘텐츠
교육용 소프트웨어	교수학습지원용 소프트웨어	창의성 개발 프로그램, 그래프 그리기 프로그램 등 다양한 교육활동을 위한 보조도구로서 활용이 가능하게 개발된 소프트웨어
	학교행정업무용 소프트웨어	학교의 각종 교육 행정 업무처리 및 시스템 관리 등을 목적으로 개발된 응용 소프트웨어

※ 교육용 소프트웨어는 한국정보통신기술협회와 한국소프트웨어산업협회 등의 인증결과를 준용하며, 별도의 품질인증 심사를 실시하지 않는다.

이와 같은 콘텐츠 품질인증 평가대상 중에서, 현재 한국교육학술정보원에서 사용되고 있는 교육용 콘텐츠 교육지원용 최종 품질관리 도구는 표 2-5와 같다.

표 2-5 교육용 콘텐츠 교육지원용 품질관리 도구

평가영역	평가요인 및 평가문항	배 점
요구 분석	〈학습내용 분석〉	2
	학습활동이 학습목표를 달성할 수 있도록 구성되어 있는가?	
	〈학습환경 분석〉	10
	학습 프로그램 및 응용 프로그램이 플랫폼, 운영체제 등 특정 학습환경에 종속되지 않으며, 학습자의 통신환경을 고려하여 선택적 실행이 가능한가?	
	학습 프로그램 및 응용 프로그램의 활용 범위가 넓고 활용 영역이 다양한가?	
	학습 프로그램 및 응용 프로그램이 다른 프로그램과의 데이터 교환이 가능한가?	
	학습 프로그램 및 응용 프로그램을 설치하고 업데이트를 실행하는 것이 쉽고 편리한가?	

(계속)

평가영역	평가요인 및 평가문항	배 점
요구 분석	〈아이디어 구안〉	2
	기존의 학습내용에 창의적인 아이디어를 첨가하여 새로운 학습 흥미를 유발하게 하는가?	
교수 설계	〈학습목표 제시〉	3
	학습자가 학습 후 무엇을 할 수 있어야 하는지를 구체적으로 제시하고 있는가?	
	〈학습요소자료〉	6
	학습자의 수준(경험), 인지 및 정의적 특성, 학습내용 특성을 고려하여 적합한 자료(동영상, 이미지, 사운드 등)를 사용하고 있는가?	
	학습자, 학습내용, 학습환경 등을 고려하여 학습내용 및 관련 정보를 표현하는 다양한 기술적인 방법을 활용하고 있는가?	
	〈화면구성〉	10
	학습자의 학습경험, 학습내용, 학습환경을 고려하여 체계적으로 구성하고 있는가?(명확성, 기능성 포함)	
	학습자에게 중요한 정보가 강조되고 이해하기 쉽게 구성되어 있으며, 품질은 우수한가?(서체, 이미지, 색상 등)	
	학습정보는 최대화하고 그 이외의 요소들(각종 버튼, 메타포, 배경 이미지 등)은 최소화하여 학습에 집중할 수 있는 구조인가?	
	화면의 구성 및 배치가 학습효과를 높이기 위한 새로운 아이디어를 포함하고 있는가?	
	〈인터페이스〉	12
	UI 구성요소(버튼, 메뉴, 아이콘, 스크롤 바 등)가 학습자의 학습 진행에 도움이 되도록 일관성 있게 구조화되고 배치되고 있는가?	
	전체 학습 분량 중 학습자가 현재 수행하고 있는 학습의 위치를 확인할 수 있으며, 이동이 편리한 인터페이스로 구성되어 있는가?	
학습 내용	〈학습내용 선정〉	8
	학습내용이 학습목표 달성에 도움을 주는 핵심적인 것으로 선정되어 있는가?	
	학습내용이 개발시점 2년 이내의 자료를 사용하여 최신 정보 및 경향을 포함하고 있는가?	
	학습내용이 동일한 콘텐츠 내에서 반복되지 않으며 논리적으로 제시되고 있는가?	
	〈학습내용 조직〉	12
	학습내용의 조직이 학습자의 수준[발달단계나 발달과업(tasks), 인지능력 등]을 고려하여 적합하게 구조화되어 있는가?(예: 기억, 활용, 발견 등의 순)	
	학습내용의 용어 설명, 맞춤법 등이 정확하고 오류가 없는가?	

(계속)

평가영역	평가요인 및 평가문항	배 점
학습 내용	학습내용의 의미표현이나 내용상에서는 명백한 오류가 없는가?	12
	〈학습 난이도〉	2
	어렵고 쉬운 내용의 배열이 적합하게 채택하고 있는가?	
교수 학습 전략	〈교수학습전략 선정〉	10
	학습 내용에 적합한 학습 방법(수업의 계열화 전략, 교수매체 활용 등)으로 구성되어 있는가?	
	온라인 학습환경과 학습내용 분석결과를 고려하여 이에 적합한 교수-학습 전략(문제 중심학습, 프로젝트 중심학습, 상황학습, 사례기반학습, 협동학습 등)을 선택하고 있는가?	
지원 체계	〈지원내용 선정〉	6
	학습자의 학습 진행에 도움이 되는 효과적인 지원내용 및 기능(학습안내, 선수학습요소, 메모기능 등)을 제공하고 있는가?	
	구체적이고 효과적인 지원내용(도움말 기능, 학습가이드, FAQ 등)이 포함되어 있는가?	
	〈지원방법 선정〉	6
	학습자와 교수자에게 적합하고 실현 가능한 지원방법을 사용하고 있는가?	
	해당 콘텐츠의 특성인 다양한 지원방법(체크리스트, 워크시트, 학습자와 교수자의 사용 환경을 고려한 자료 다운로드 등)을 적용하고 있는가?	
	〈지원도구 적용〉	3
	학습 특성에 따라 활용 가능한 여러 가지 지원 기능이 포함되어 있는가?	
재사용성	〈재구조화〉	8
	학습내용 및 과정이 학습 목적에 따라 일부 수정하거나 보완하여 재사용이 가능하도록 해당 내용을 차시별로 구분, 혹은 프레임별로 구분하고 있는가?	
	학습목표, 학습자 수준, 학습환경에 따라 학습내용 및 과정을 여러 형태(초급, 고급, 기초, 심화, 전문 등)로 재구성하는 것이 가능하도록 구성되어 있는가? (해당 내용이 차시별로 구분, 혹은 프레임별 구분, 내용상의 구분 등)	
윤리성	〈윤리적 규범〉	적합/부적합
	종교, 지역, 이념, 성, 계층, 다문화가정 등 윤리적 편견이나 폭력적 표현, 개인정보유출 등 교육콘텐츠로서 적합하지 못한 단어나 문장을 포함하고 있는가? (은어나 속어 금지, 표준어 사용 권장 등)	
저작권	〈저작권〉	적합/부적합
	인용한 모든 저작물에 대해 정확한 정보(출처, 저자, 일자 등)를 저작물 내에 국제저작권 표시방법을 준수하여 표시하고 있는가?	

자료: 한태인, 박종선, 김자미(2009), pp.135-137

이와 함께 방송고등학교와 한국방송통신대학교에서 사용하는 이러닝 콘텐츠 품질관리를 위한 고려사항을 살펴보면 다음과 같다.

표 2-6 방송고 콘텐츠 품질관리 고려사항

평가영역	평가요인	고려사항
교수설계	학습목표 제시	방송고 학습자들은 대체로 학력 수준이 일반 고등학교 학생들보다 낮기 때문에 학습목표가 이해하기 쉽게 제시되어야 함
	수준별 학습	방송고 학습자들은 연령분포가 10대에서 70대까지 다양하기 때문에 학력 수준도 천차만별인 점을 감안하여 가능한 한 보충학습과 심화학습자료가 충분히 제공되어야 함
	학습요소 자료	방송고 학습자들의 절반 이상이 중·장년층인 점을 감안하여 쉽게 접근할 수 있는 학습요소를 선정해야 함
	화면구성	방송고 학습자들의 절반 이상이 중·장년층인 점을 감안하여 가독성이 높고 쉽게 학습요소에 접근할 수 있도록 화면구성이 이루어져야 함
	인터페이스	방송고 학습자들의 절반 이상이 중·장년층인 점을 감안하여 학습 경로를 쉽게 찾고 언제든지 되돌아오거나 본인이 원하는 학습 내용으로 쉽게 이동할 수 있도록 인터페이스 구성이 필요함
학습내용	학습내용 선정	방송고는 일반 고등학교 교육과정의 80%를 준용하고 있는 점을 고려해 학습내용을 선정해야 함
	학습내용 조직	방송고 학습자들의 절반 이상이 중·장년층이므로 장기간 학업 공백기를 가지고 있기 때문에 가능한 한 기초학습내용이나 보충학습내용이 충분히 제공될 수 있도록 학습내용을 조직해야 함
	학습난이도	방송고 학습자들은 중·장년층과 일반 고등학교 부적응자가 많은 것을 고려하여 학습내용의 난이도가 중하 이하로 구성하는 것이 바람직함
	학습분량	방송고는 사이버교육을 통해 학력을 인정해주고 있으며, 학습자의 대부분이 학력이 매우 낮은 점을 고려할 때 학습에 대한 집중 시간이 일반 고등학생들에 비해 매우 짧을 것으로 판단됨. 따라서 온라인 체제의 방송고 학습자들의 학습 몰입 시간을 감안하여 가급적 차시별로 너무 많은 학습분량을 담지 않도록 해야 함
	학습자료 제공	방송고 학습자의 연령 분포는 10대에서 70대까지 상당히 폭이 넓기 때문에 다양한 계층의 학습수준을 고려하기 위해서는 가급적 선수, 보충, 심화 학습내용이 풍부하게 제공되어야 함
교수-학습 전략	교수-학습 전략 선정	방송고 학습자들의 절반 이상이 중·장년층인 점을 감안하여 가능한 한 쉽고 단순하게 학습내용에 접근할 수 있도록 교수-학습 전략의 설계가 필요함

(계속)

평가영역	평가요인	고려사항
교수-학습 전략	자기주도적 학습요소	방송고는 사이버교육을 통해 학력을 인정해 주기 때문에 학습요소가 필수와 선택으로 나뉘어 구성되고 학습자들은 필수요소에 선택요소를 추가할 수 있도록 구성되어야 함
	동기부여 전략	방송고는 사이버교육을 통해 학력을 인정해주고 있기 때문에 학습자가 스스로 일정한 계획을 세워 학습에 임할 수 있도록 유도하고 독려할 수 있는 체제가 마련되어야 함
상호작용	학습자와 학습내용 간	방송고 학습자들의 절반 이상이 중·장년층이므로 장기간 학업 공백기를 가지고 있기 때문에 기초학력이 매우 낮음. 따라서 학습내용에 대한 보충이나 심화 설명이 가급적 풍부하게 제공되어야 하며, 학습자의 학습활동에 대한 피드백이 신속히 제공될 수 있어야 함
지원체계	지원 내용 선정	방송고 학습자들은 대체로 학력 수준이 매우 낮고 중·장년의 고령층이 많은 것을 감안하여 가급적 도움말, 학습가이드, 질의응답 등의 학습 보조 기능이 풍부하게 제공되어야 함
평 가	평가내용 선정	방송고는 일반 고등학교 교육과정의 80%를 준용하고 있고, 학습자들의 학력 수준도 절반 이상이 중·장년층이기 때문에 상당히 낮은 점을 감안하여 난이도가 낮은 평가 내용이 선정되어야 함
	평가방법 선정	방송고는 사이버교육을 통해 학력을 인정해 주기 때문에 사이버 학습활동을 평가할 수 있는 평가방법이 마련되어야 함
	평가도구 적용	방송고는 온라인으로 평가가 이루어질 수 있는 점을 고려하여 가급적 신뢰성과 보안성을 유지할 수 있는 평가도구의 마련이 필요함
피드백	평가결과 제공	방송고는 온라인상에서 평가가 이루어질 수 있기 때문에 이 단답식의 경우 학습자가 평가결과를 즉시 확인하고, 이에 대한 피드백을 제공받을 수 있어야 함
재사용성	재구조화	방송고는 교과목의 전 차시를 사이버교육을 통해 이수하기 때문에 많은 예산을 투입하여 전 교과 모든 과목의 콘텐츠를 제작하고 있음. 따라서 교육과정이 바뀌어도 재사용할 수 있도록 모듈단위의 콘텐츠 개발이 필요함
윤리성	윤리적 규범	방송고 학습자의 연령 분포는 10대에서 70대까지 상당히 폭이 넓기 때문에 다양한 계층의 이념, 지역, 종교 등의 특성을 반영하여 콘텐츠를 개발하여야 함
저작권	저작권 적용	방송고 콘텐츠 역시 저작권에 대한 침해 사례가 나타나지 말아야 함

자료: 한태인, 박종선, 김자미(2009), pp.115-116

표 2-7 방송대학교 콘텐츠 품질관리 고려사항

평가영역	평가요인	고려사항
요구분석	학습자 분석	방송대에서는 한 학기당 약 18만 명에 달하는 재학생의 학습수준을 분석하여 교육내용에 반영하는 것은 무리이므로 선수학습 경험이 필요한 교과목에 대해서는 학습자의 경험 및 수준을 분석할 수 있어야 함
	학습내용 분석	다양한 학습자들의 학습수준을 고려하여 학습내용이 어느 한 이론이나 실천방식에 편협되지 않고 학습목표에 규정된 지식, 기능, 가치를 반영하는 학습내용인지 분석할 필요가 있음
	학습환경 분석	방송대 학습자들의 다양한 학습환경을 고려하여 학습 프로그램이 특정 학습 환경에 종속되지 않고 실행이 가능해야 함
교수설계	학습목표 제시	방송대 학습자들은 20대부터 70대까지 연령층이 다양하므로 학습목표가 학습자의 입장에서 성취 가능한 목표로서 객관적이고 관찰 가능한 행동적 용어로 진술되었는지를 평가할 수 있어야 함
	수준별 학습	방송대 학습자의 다양한 수준을 고려한다는 것은 현실적으로 어려운 일이나 부진 학생을 고려한 설계가 이루어져 함
	학습요소 자료	온라인상의 학습이 흥미 있게 지속되려면 내용의 이해를 돕는 멀티미디어 자료가 적절하게 제시되었는지를 평가할 수 있어야 함
	화면구성	방송대의 다양한 학습자들이 콘텐츠에 쉽게 접근할 수 있도록 전체적인 화면 디자인이 명료하고 심미적이며 학습자의 이해를 돕는 화면구성이어야 함
	인터페이스	콘텐츠 활용시 인터페이스의 시스템적인 오류가 없는지, 사용자 인터페이스가 직관적으로 이해 가능하고 일관성 있게 구성되어야 함
학습내용	학습내용 선정	다수의 학생에게 학습내용이 교육적으로 타당하며 최신 정보와 경향을 포함하여 구성된 것으로 선정되어야 함
	학습내용의 조직	방송대 학생의 다양한 수준을 고려할 때 학습내용의 선수학습요소가 적절하게 조직되어 있어야 학습을 용이하게 할 수 있음
	학습분량	다양한 학습자들의 학습수준을 고려할 때 학습자와 학사일정에 적절한 학습분량이어야 함
	학습자료	학습자의 수준을 고려하여 보충심화 학습자료가 적절하게 제시될 때 학습효과를 얻을 수 있음
교수-학습 전략	교수-학습 전략 선정	방송대 학생을 대상으로 학습내용에 적합하고 학습자의 자기 주도적인 학습이 가능할 수 있는 전략을 선정해야 함
	동기부여선택	능동적인 학습을 유도하는데 적합한 동기부여전략이 구현되어 있어야 함
상호작용	학습자와 교수자 간의 상호작용	학습자와 교수자의 특성과 학습환경을 고려하여 적절한 상호작용 요소가 있어야 함

(계속)

평가영역	평가요인	고려사항
상호작용	학습자와 학습내용 간의 상호작용	학습자와 학습내용 간에 의미 있는 피드백 제공으로 학습을 촉진할 수 있어야 함
	학습자와 학습자 간의 상호작용	방송대 학습자 간에 학습내용을 공유하고 논의할 수 있도록 상호작용을 촉진하는 방법이 구현되어 있어야 함
지원체계	지원 내용 선정	학습자와 교수자가 필요로 하는 지원내용이 포함되어 있어야 함
평 가	평가내용 선정	많은 학생들의 학업성취를 평가하기 위해서는 학습목표, 내용과 관련하여 체계적이며 일관성을 유지해야 함
	평가방법 선정	웹강의를 제외한 다른 강의의 평가는 각 지역대학과 협조를 얻은 지역의 교육기관에서 출석시험으로 이루어지므로 웹강의의 평가도 학습 상황과 정도를 고려하여 객관적이고 구체적인 평가 방법을 사용해야 함
피드백	평가결과 제공	다양한 학습자의 평가 결과가 구체적으로 다음 학습의 준비 및 계획을 위해 제공되도록 함
공유유통	메타데이터	콘텐츠의 메타데이터가 국내외 표준규격을 준수해야 함
윤리성	윤리적 규범	다양한 연령층의 학습자가 학습할 때 교육콘텐츠로서 윤리성을 갖추어야 함
저작권	저작권 적용	콘텐츠 및 관련 개발물에 대한 저작권을 구체적으로 명시하고 인용 출처를 정확하게 밝혀야 함

자료: 한태인, 박종선, 김자미(2009), pp.118-119

현재 교육학술정보원에서 사용하는 원격연수용 콘텐츠 품질관리 도구는 다음과 같다.

표 2-8 원격교육연수용 콘텐츠 최종 품질관리 도구

평가영역	평가요인 및 평가문항	배 점
요구분석	〈연수환경 분석〉	3
	연수 프로그램 및 응용 프로그램이 플랫폼, 운영체제 등 특정 연수 환경에 종속되지 않으며, 연수자의 통신환경을 고려하여 선택적 실행이 가능한가?	
교수설계	〈연수목표 제시〉	6
	연수자가 연수 후 무엇을 할 수 있어야 하는지를 구체적으로 제시하고 있는가?	
	한 시간(차시)의 연수목표가 적절한 분량으로 제시되어 있는가?	
	연수목표가 분명하고 관찰가능한 행동적 용어로 진술되어 있는가?	

(계속)

평가영역	평가요인 및 평가문항	배 점
교수설계	〈수준별 연수〉	3
	다양한 능력의 연수자들이 활용할 수 있도록 교육의 내용이나 방법을 포함하고 있는가?	
	〈연수요소자료〉	6
	연수자의 수준(경험), 인지 및 정의적 특성, 연수내용 특성을 고려하여 적합한 자료(동영상, 이미지, 사운드 등)를 사용하고 있는가?	
	연수자가 연수내용을 쉽게 이해하고 연수내용의 효과를 높이기 위한 자료가 선정되어 있는가? (예: 영어독해-오디오 활용)	
	연수자, 연수내용, 연수환경 등을 고려하여 연수내용 및 관련 정보를 표현하는 다양한 기술적인 방법을 활용하고 있는가?	
	〈화면구성〉	8
	연수자의 연수경험, 연수내용, 연수환경을 고려하여 체계적으로 구성하고 있는가? (명확성, 기능성 포함)	
	구성이 간결하고 안정감 있으며 일관성 있는 배치와 진행을 유지하고 있는가?	
	연수자에게 중요한 정보가 강조되고 이해하기 쉽게 구성되어 있으며, 품질이 우수한가? (서체, 이미지, 색상 등)	
	연수정보는 최대화하고 그 이외의 요소들(각종 버튼, 메타포, 배경 이미지 등)은 최소화하여 연수에 집중할 수 있는 구조인가?	
	〈인터페이스〉	10
	UI 구성요소(버튼, 메뉴, 아이콘, 스크롤 바 등)가 연수자의 연수 진행에 도움이 되도록 일관성 있게 구조화되고 배치되고 있는가?	
	연수자가 연수속도, 순서, 과정 등을 제어할 수 있도록 구성되어 있는가?	
	전체연수 분량 중 연수자가 현재 수행하고 있는 연수의 위치를 확인할 수 있으며, 이동이 편리한 인터페이스로 구성되어 있는가?	
연수내용	〈연수내용 선정〉	10
	연수내용이 연수목표 달성에 도움을 주는 핵심적인 것으로 선정되어 있는가?	
	연수내용이 개발시점 2년 이내의 자료를 사용하여 최신 정보 및 경향을 포함하고 있는가?	
	연수내용이 동일한 콘텐츠 내에서 반복되지 않으며 논리적으로 제시되고 있는가?	
	〈연수내용 조직〉	12
	연수내용의 조직이 연수자의 수준[발달단계나 발달과업(tasks), 인지능력 등]을 고려하여 적합하게 구조화되어 있는가?(예: 기억, 활용, 발견 등의 순)	
	연수내용의 용어 설명, 맞춤법 등이 정확하고 오류가 없는가?	

(계속)

<table>
<tr><th>평가영역</th><th>평가요인 및 평가문항</th><th>배 점</th></tr>
<tr><td rowspan="7">연수내용</td><td>연수내용의 의미표현이나 내용상에서는 명백한 오류가 없는가?</td><td rowspan="2">12</td></tr>
<tr><td>연수내용에 선수, 보충심화 등을 구성할 때, 단계성, 통일성, 일관성을 고려하였는가?</td></tr>
<tr><td>〈연수 난이도〉</td><td rowspan="2">2</td></tr>
<tr><td>어렵고 쉬운 내용에 대한 배열을 적합하게 채택하고 있는가?</td></tr>
<tr><td>〈연수분량〉</td><td rowspan="2">8</td></tr>
<tr><td>연수자의 특성을 고려할 때, 전체 교육시간이 적절한 분량인가?(예: 1차시당 연수과제 관련 활동 제외하고 25±5분)</td></tr>
<tr><td rowspan="8">교수학습
전략</td><td>〈교수학습전략 선정〉</td><td rowspan="4">10</td></tr>
<tr><td>온라인 연수환경과 연수내용 분석결과를 고려하여 이에 적합한 교수-학습전략(문제 중심학습, 프로젝트 중심학습, 상황학습, 사례기반학습, 협동학습 등)을 선택하고 있는가?</td></tr>
<tr><td>개별연수(따라 읽기, 그려보기, 생각해 보기 등)가 필요할 경우, 적절한 예시자료와 상호작용을 통해 연수 및 평가 결과의 피드백 등을 포함하고 있는가?</td></tr>
<tr><td>연수자의 선행 연수 경험과 이질적인 연수자들을 포괄할 수 있는 여러 가지의 연수 전략을 가지고 있는가?</td></tr>
<tr><td>〈자기주도적 연수 전략〉</td><td rowspan="2">2</td></tr>
<tr><td>연수자가 자유로운 정보 탐색, 수집, 가공, 활용을 통해 스스로 연수를 계획, 실행할 수 있도록 구체적으로 자료를 구성하고 있는가?</td></tr>
<tr><td>〈동기부여 전략〉</td><td rowspan="2">2</td></tr>
<tr><td>연수를 유도하는데 실생활에 적용 가능한 구체적인 내용, 활동(보상을 통한 참여 독려, 흥미 부여 등), 전략 및 신기술을 포함하고 있는가?</td></tr>
<tr><td rowspan="3">상호작용</td><td>〈연수자와 연수내용 간 상호작용〉</td><td rowspan="3">6</td></tr>
<tr><td>연수자가 연수내용에 지속적으로 집중할 수 있는 교수-학습요소 및 상호작용 요소를 채택하고 있는가?(클릭, 드래그, 줄긋기, 퍼즐, 시스템과의 상호작용 포함)</td></tr>
<tr><td>연수내용을 숙지하는데 도움이 되도록 상호작용 요소를 구성하고 있는가?(예: 단순 클릭만으로 연수 이수가 가능한 형태 배제)</td></tr>
<tr><td rowspan="2">지원체계</td><td>〈지원내용 선정〉</td><td rowspan="2">2</td></tr>
<tr><td>연수자의 연수 진행에 도움이 되는 효과적인 지원내용 및 기능(연수안내, 선수연수요소, 메모기능 등)을 제공하고 있는가?</td></tr>
<tr><td rowspan="3">평 가</td><td>〈평가내용선정〉</td><td rowspan="3">4</td></tr>
<tr><td>평가내용이 연수를 이수하는데 도움을 줄 수 있는 내용으로 구성되어 있는가?</td></tr>
<tr><td>평가내용이 연수목표를 달성할 수 있도록 연수목표 및 연수내용과 관련하여 일관성을 유지하고 있는가?</td></tr>
</table>

(계속)

평가영역	평가요인 및 평가문항	배 점
평 가	〈평가방법 선정〉	2
	다양한 형태의 평가방법이 연수 진행과정에서 나타나고 있는가?	
	〈평가도구 적용〉	4
	개인 의견 기술과 같은 서술식 평가에서 모범답안이나 서술 내용에 대한 명확한 평가 기준을 연수자에게 제시하고 있는가?	
윤리성	〈윤리적 규범〉	적합/부적합
	종교, 지역, 이념, 성, 계층, 다문화가정 등 윤리적 편견이나 폭력적 표현, 개인정보 유출 등 등 연수용 콘텐츠로서 적합하지 못한 단어나 문장을 포함하고 있는가?(은어나 속어 금지, 표준어 사용 권장 등)	
저작권	〈저작권〉	적합/부적합
	인용한 모든 저작물에 대해 정확한 정보(출처, 저자, 일자 등)를 저작물 내에 국제저작권 표시방법을 준수하여 표시하고 있는가?	

자료: 한태인, 박종선, 김자미(2009), pp.140-143

e-Learning

Chapter 3

사이버대학의 학습시스템

Chapter 3

사이버대학의 학습시스템

1 이러닝 학습인프라의 이해

1) 이러닝 학습인프라의 의미

이러닝 학습을 수행하기 위해서는 기본적인 학습인프라가 필요하다. 컴퓨터와 연결하기 위한 인터넷 네트워크, 온라인 강의실을 관리하기 위한 프로그램, 학습콘텐츠, 학습콘텐츠를 개발할 때 사용하는 프로그램인 저작도구, 강의실에 입장하기 위한 인증프로그램 등이 필요하다. 이와 같이 이러닝 학습을 수행하기 위해 기본적으로 갖추어야 하는 기반 시설이나 장비, 프로그램이 이러닝 학습인프라에 해당한다.

이러닝 학습을 수행하는 과정에서 이러닝 학습인프라는 학습의 효율성과 관련이 있다. 유선이든 무선이든 인터넷이 연결되지 않는 곳이나 연결이 되어도 속도가 느린 곳에서는 이러닝 학습이 원활하게 이루어질 수 없기 때문이다. 예를 들어, 국내에서는 대부분 지역에서 초고속망을 이용하여 인터넷에 연결이 가능하므로 이러닝 학습을 용이하게 진행할 수 있다. 그러나, 인터넷 회선이 잘 연결되지 않거나 인터넷 접속 속도가 느린 동남아시아 일부 지역에서는 국내 학습자들이 경험하는 것과 같은 이러닝 학습을 수행하기 어렵다. 국내 학습자들은 동영상 강의 콘텐츠를 활용해서 이러닝 수업을 수강할 수 있지만, 동남아시아 일부 지역의 학습자들은 동영상이 실행될 수 있을 만큼의 빠른 인터넷

속도를 갖춘 인프라를 활용할 수 없으므로 문자(text)나 간단한 그래픽 위주로 개발된 강의콘텐츠를 활용해야 한다. 이와 같이 이러닝 학습인프라는 학습의 효율성을 좌우하는 요인으로 작용될 수 있으므로 매우 중요하다.

이러닝이 도입되던 초기에는 이러닝 학습콘텐츠에 비해 이러닝 학습인프라의 중요성이 강조되지 못했다. 그러나, 최근에는 이러닝 콘텐츠의 중요성 못지않게 이러닝 학습인프라의 중요성을 강조하는 의미에서 '학습콘텐츠가 이러닝의 왕(王)이라면, 학습인프라는 이러닝의 신(神)이다.'라고 표현하기도 한다. 이는 이러닝 학습인프라의 성능이 이러닝 학습의 효과에 영향을 많이 미칠 수 있다는 의미이다.

2) 이러닝 학습시스템의 구성

이러닝 학습시스템은 종종 이러닝 학습인프라와 같은 의미로 사용되기도 하지만, 엄밀한 의미에서 이러닝 학습시스템은 이러닝 학습인프라의 하위 구성요인에 해당한다. 이러닝 학습시스템은 학습자들의 강의실 입장에서부터 학습활동을 관리하고 성적을 처리하는데 관여하는 학습관리시스템 또는 학습운영시스템(LMS: Learning Management System), 학습콘텐츠를 설계하고 개발하여 관리하는데 관여하는 학습콘텐츠관리시스템(LCMS: Learning Contents Management System) 등으로 구성될 수 있다.

그림 3-1에서 이러닝 학습시스템은 학습관리시스템(LMS), 학습콘텐츠관리시스템(LCMS) 및 기타의 학습지원시스템(support system)으로 구성되어 있음을 보여주고 있다. 이러한 이러닝 학습시스템에서의 학습활동은 학습자와 교수자가 인터넷 접속을 통해 학습관리시스템의 강의실에 로그인한 후 학습콘텐츠관리시스템에 과목별로 저장되어 있는 해당 주차의 학습콘텐츠를 선택하여 학습하고, 학습자의 학습콘텐츠 학습시간, 질문 내용, 토론참여 의견 등과 같은 학습결과는 학습관리시스템의 성적데이터베이스에 저장되는 형식으로 활용된다.

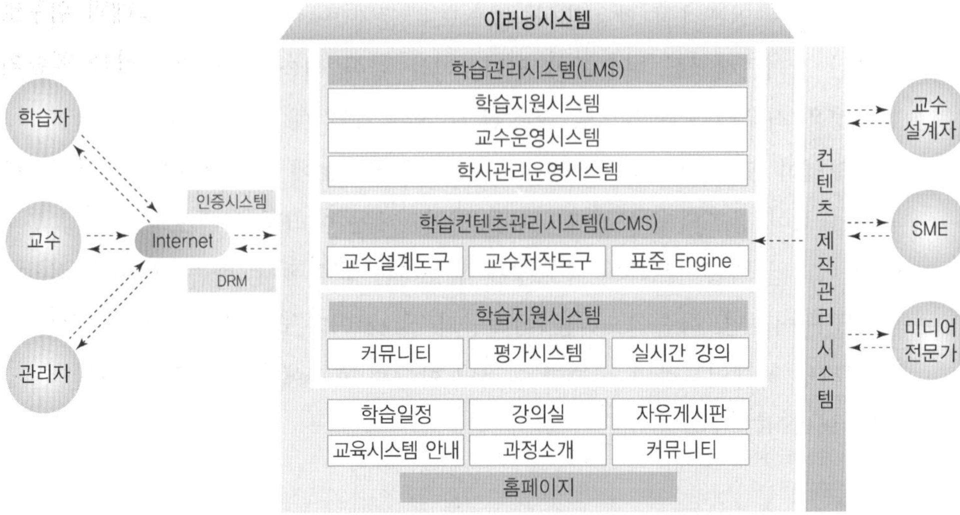

그림 3-1 이러닝 학습시스템의 구성

3) 이러닝 교수-학습환경의 특성

이러닝 학습환경의 목적은 다음과 같이 정의할 수 있다.

- 근본 목적은 교수-학습의 기회와 질을 향상시키는데 있다.
- 기반 환경은 컴퓨터를 매개로 한 통신네트워크를 사용한다.
- 교수-학습활동은 시간과 공간에 제한받지 않는 다양한 상호작용을 중심으로 이루어진다.

이상의 공통점을 중심으로 네트워크를 기반으로 실시되는 교수-학습환경인 이러닝 학습환경에 대한 개념을 정의하면 다음과 같다. 이러닝 학습환경은 컴퓨터를 활용한 통신시스템을 기반으로 교수-학습을 수행할 목적으로 구성된 학습환경을 의미한다. 즉 학습자들에게 보다 많은 교육의 기회를 제공하고 교수-학습의 질을 향상시킬 목적으로 컴퓨터를 활용한 통신네트워크를 기반으로 교수자-학습자, 학습자-학습자, 학습자-학습내용 간의 상호작용을 통해서 다양한 학습활동이 수행되는 교수-학습환경으로 정의할 수 있다(박종선, 1998).

전통적인 교실학습은 교수자와 학습자가 교실이라는 물리적인 환경에서 함께 교수-학습을 진행하는 것을 의미한다. 이러한 학습환경에서는 교수자가 새로운 개념이나 내용을 학습자에게 설명하고 학습자에게 질문할 기회를 부여한다. 수업에 참가하는 모든 학습자들은 특정 학습자가 질문한 내용과 그것에 대한 답변을 듣고 미처 이해하지 못한 학습내용을 정리하기도 한다.

이에 반해 인터넷과 같은 네트워크를 활용한 새로운 이러닝 학습환경에서는 학습자들이 컴퓨터를 통해서 제공되는 강의계획서상의 학습지침에 따라 학습을 시작한다. 학습자들은 네트워크를 통해 가상학습공간에 제시되는 여러 가지 교수-학습자료를 활용하여 학습활동을 수행한다. 일반적으로 교수자와 학습자는 비실시간 이메일, 토론 활동, 게시판 활동, 실시간 대화(chat), 트위터 등의 SNS, 페이스북 등과 같은 여러 커뮤니티나 블로그 등을 통해서 상호작용할 수 있다. 학습자들은 학습도중 교수자나 동료들에게 질문할 사항이 있으면 질의응답 게시판이나 실시간 대화를 통해서 의견을 교환할 수 있다. 그룹별로 주제토론을 할 경우에는 토론 게시판을 활용하여 특정 주제에 대한 자신의 의견을 게시하고 동료학습자들의 의견도 파악할 수 있다. 교수자는 학습일정에 맞추어 게시판에 학습과제를 게시하고 과제함을 통해서 학습자들로부터 학습과제물을 기일내에 수거할 수 있다. 이와 같은 이러닝 학습환경은 학습자에게 어디에서나 언제든지 학습할 수 있는 기회를 부여하고, 동시에 교수자와 학습자는 물론 학습자들 간에 다양한 상호작용의 기회를 제공할 수 있다. 이러한 이러닝 학습환경을 통해 이루어지는 교수-학습과정의 특성은 다음과 같이 정리할 수 있다(박종선, 1998).

첫째, 이러닝 학습환경에서의 교수-학습은 학습자들의 적극적인 참여가 수반되어야 한다. 네트워크를 통해서 이러닝 학습환경에 접속하는 활동부터 강의계획서 조회하기, 강의콘텐츠 등의 교수-학습자료 및 교안, MP3파일 등의 보조학습자료 활용, 주제토론참여, 학습과제물 제출, 게시판을 활용한 다양한 참여 활동 수행, 중간 및 기말 평가참여, 성적확인까지의 모든 과정을 학습자 자신이 능동적으로 참여하여 진행해야 한다. 기존의 교실학습과정에서 교수자를 중심으로 이루어지던 학습의 양상과는 전혀 다르게 학습자 중심의 자기주도학습이 이루어진다. 이에 학습자들은 스스로 학습과정과 학습방법에 대해 계획을 세우고 성찰할 수 있는 메타인지능력(self-regulation)을 개발할 필요가 있다.

둘째; 이러닝 학습환경에서의 교수-학습은 교실학습에서 활용되는 대부분의 학습전략을 통합하여 사용할 수 있다. 교실학습환경에서 보편적으로 사용되는 학습전략을 11가지로 제시하고 이러닝 학습환경에서도 이러한 학습전략을 충분히 사용할 수 있음을 밝히고 있다(Webb, 1997). 이를 정리하면 다음의 표 3-1과 같다.

표 3-1 이러닝 학습환경에서의 학습전략

교실 학습전략	이러닝 학습전략	고려사항
1. 교수자의 학습자료 설명	강의실에 제시되는 학습자료 읽기 혹은 음성파일을 이용한 설명 제공	교수자의 언어 뉘앙스, 사실적인 표현, 바디랭귀지가 상실될 수 있음
2. 교수자의 예문 제시	사례, 시뮬레이션을 이용한 제시 혹은 음성 설명을 이용한 제시	사례, 시뮬레이션 등을 개발하는데 많은 비용 소요됨
3. 교수자의 내용정리자료 제공	강의실 및 자료실에 학습자료 제시	다양한 형태로 제공 가능
4. 교수자의 참고자료 제시	자료실과 웹사이트를 이용한 참고자료 제시 가능	다양한 형태로 제공 가능
5. 교수자에게 질문하기	질의응답 게시판, 이메일 등을 이용하여 가능	구어로 질문하는 것과 이메일로 작성하여 질문하는 것의 장단점이 있을 수 있음
6. 학습자의 질문과 교수자의 답변 듣기	질의응답 게시판, 이메일 등 여러 기제를 이용하여 가능	즉시성이 떨어질 수 있음
7. 그룹토의 및 그룹학습	토론게시판, 이메일, 대화방(chat) 등을 이용하여 가능	학습자들은 이러한 기제를 이용하기 위해서 많은 시간이 필요하며, 학습일정을 맞추기 위해서 많은 노력을 해야 함
8. 수업시간 외의 비공식적 학습자 면담	게시판, 이메일, 대화방을 이용하여 가능	학습자들 간의 상호작용 시간이 확장되므로 학습시간과 장소를 제한할 필요가 없음
9. 수업시간 중 실습	실습은 학습장소에서 특정 프로그램을 이용하여 가능	프로그램이나 환경여하에 따라서는 어려울 수도 있음
10. 수업시간 중 연습문제 풀이	연습문제 풀이는 학습장소에서 가능	교수자가 직접적인 도움을 제공하기 어려울 수도 있음. 이메일을 이용할 수도 있지만 즉시성이 떨어짐
11. 수업시간 이외의 학습과제물 작성	학습장소에서 학습과제물을 작성할 수 있음	여러 가지 지원기제를 활용할 수 있음

셋째; 이러닝 학습환경에서의 교수-학습은 상호작용면에서 학습내용과 개별 학습자 간의 개인적인 상호작용은 물론 학습자와 교수자, 학습자와 동료학습자들과의 사회적인 상호작용이 활발하게 이루어질 수 있다. 교실학습을 제외하고 컴퓨터 네트워크를 활용하지 않는 기존의 원격학습이나 컴퓨터보조학습에서는 학습자와 교수자, 학습자와 동료학습자 간의 사회적인 상호작용이 부족한 것을 특성 중의 하나로 인식하여 왔다. 그러나 이러닝 학습환경에서의 교수-학습은 이메일이나 게시판 활동과 같은 여러 가지 상호작용기제를 사용하여 학습자와 교수자, 학습자와 동료학습자, 혹은 학습자와 내용전문가 간의 사회적인 상호작용이 활발하게 이루어질 수 있다. 이러닝 학습환경에서 발생될 수 있는 다양한 상호작용과 이를 위해 사용가능한 방법 및 도구를 표 3-2와 같이 제시하고 있다(Pennell, 1996).

표 3-2 이러닝 학습환경의 상호작용유형과 사용가능한 도구 및 방법

상호작용	사용도구 및 방법
교수자와 개별 학습자 간의 자유로운 문자 메시지 교환	유도라(Eudora) 등의 이메일 소프트웨어
교수자가 학습자 전체를 대상으로 보내는 메시지	이메일의 주소록(동보메일)
학습자들이 필요한 시간과 장소로 학습자료 및 학습과제물 제공	텔넷(telnet), 페치(Fetch), 고퍼(Gopher), 혹은 학습자 컴퓨터로 파일을 다운받도록 연결된 웹페이지
학습성취도를 평가하기 위해 학습자들이 단답형 답안 제출	응답결과를 확인하기 위해 CGI스크립트를 이용해 개발된 양식위주의 웹페이지
학습자들이 학습자료에 관해 문자위주로 의견교환	IRC Chat 혹은 대화방
여러 학습자들이 동시에 똑같은 이미지파일을 보고 토론할 수 있도록 이미지파일 전송	여러 형태의 데스크톱(desktop) 화상대화가 가능한 화이트보드(whiteboard) 시설
학습자들이 교수자에게 학습과제물을 제출하고 돌려받기	문서를 첨부할 수 있는 이메일
학습자와 교수자, 학습자와 학습자 간의 동시적인 음성 통신	인터넷전화와 같은 음성통신장비
학습자와 교수자, 학습자와 학습자 간의 비동시적인 음성 통신	자동응답기 혹은 웹페이지에서 음성 다운받기
학습자와 교수자, 학습자와 학습자 간의 대면적인 화상 통신	화상교육 프로그램

넷째; 이러닝 학습환경에서의 교수-학습은 정보통신공학의 발전된 기술을 활용해야 가능하다. 즉 인터넷과 같은 통신네트워크, 동시에 상호작용이 가능하도록 지원해주는 컴퓨터대화, 화상교육 프로그램, 화이트보드(whiteboard) 및 음성통신기제, 시간에 상관없이 비동시적인 상호작용이 가능하도록 지원해주는 이메일, 토론실, 게시판 등의 구현기술이 그것이다. 이외에 그래픽, 이미지, 동영상 멀티미디어 데이터를 처리해주는 기술, 파일을 압축하고 복원하는 기술, 학습자료나 학습자에 관한 데이터를 안전하게 유지시켜 주는 보안기술, 다양한 형태의 학습자료를 보관하고 관리해주는 문서관리기술 등도 중요한 기능을 한다.

2 학습관리시스템의 이해

1) 학습관리시스템의 개념 및 기능

학습관리시스템(LMS: Learning Management System)은 가상학습환경에서의 교수-학습을 효율적이고 체계적으로 준비, 실시, 관리할 수 있도록 지원해주는 시스템을 의미한다(박종선, 1998a). 학습관리시스템은 학습운영시스템, 학습운영관리시스템, 사이버교육시스템, 이러닝시스템 등 다양한 용어로 사용된다. 이러닝 수업을 위해 학생들이 접속하는 강의실이 바로 학습관리시스템의 기능을 제공하는 학습환경이 된다.

학습관리시스템은 기능을 중심으로 학습자 지원기능, 교수자 지원기능, 운영 및 관리 지원기능으로 분류할 수 있다.

다음의 그림 3-2는 학습관리시스템인 강의실의 예를 보여주고 있다.

흔히 강의실로 표현되는 학습관리시스템은 그림과 같이 과목게시판, 수업운영관리, 성적관리, 수강생조회, 시험관리 등의 교수활동 지원기능과 과목명, 학점, 강의계획서, 평가방식, 수강인원, 참여도 항목 등의 정보를 알려주는 정보제공 기능, 주차별 학습주제 및 학습자료 제공 기능 등의 학습활동 지원기능으로 구성되어 있는 것을 알 수 있다.

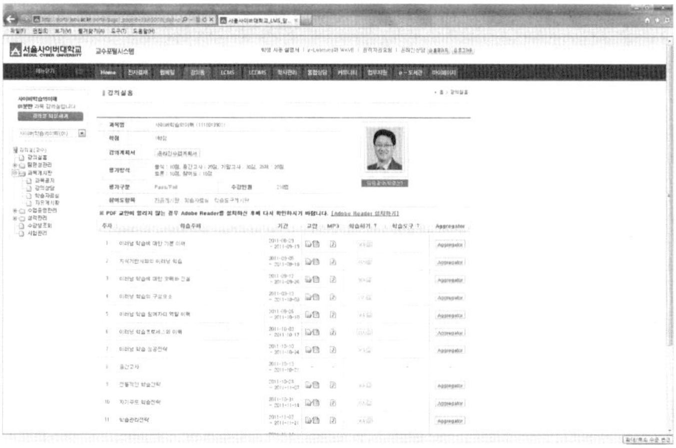

그림 3-2 학습관리시스템 강의실 예시 화면

(1) 학습자 지원기능

학습자가 웹을 기반으로 운영되는 학습과정에 등록하고 학습하는데 필요한 기능들을 제공하여 학습자가 새로운 학습환경에서 어려움 없이 학습과정을 마칠 수 있도록 도와주는 기능을 의미한다.

(2) 교수자 지원기능

교수자가 웹을 기반으로 운영되는 학습과정을 준비하기 위하여 교수-학습과정을 설계하고, 학습자료를 개발하며, 교수-학습을 실시한 후 성적처리 등의 사후관리를 하는 데 필요한 기능들을 지원하여 컴퓨터 사용에 익숙하지 않은 교수자들도 부담없이 새로운 교수-학습환경을 활용할 수 있도록 도와주는 기능을 의미한다.

(3) 운영 및 관리 지원기능

교수자와 학습자가 웹을 기반으로 교수-학습을 할 수 있도록 강의 개설부터 평가결과의 학적부 반영까지 관련된 기능을 시스템에 의해서 지원받을 수 있도록 도와주는 기능을 의미한다. 좁게 보면, 교수-학습과정을 지원하는 기능이고, 넓게 보면 기존의 학사관리 기능까지도 다루는 포괄적인 지원기능이 될 수도 있다.

이와 같은 학습관리시스템의 기능은 수행활동을 기준으로 교수설계 및 저작 지원기능, 학습활동 지원기능, 교수활동 지원기능 및 운영관리활동 지원기능으로 분류할 수도 있다(박종선, 2003, 2005). 최근에 학습관리시스템의 기능은 이와 같은 기능 이외에 학습자의 학습패턴 및 학습수준을 고려한 수준별 맞춤 학습지원 기능을 포함할 수 있다. 이러한 수준별 맞춤학습 코스의 제공 및 지원 프로세스의 제공으로 학습유형별 개인화 서비스 체제 지원이 가능하게 되었다(정영식 외, 2008).

표 3-3 학습관리시스템(LMS 및 LCMS) 주요 기능

영 역	주요 기능
학습자 지원	• 학습 기능(강의수강, 강의계획서, 공지사항, 출석 관리, 학습 관리, 성적확인) • 시험평가 기능(시험응시, 퀴즈응시, 오답노트, 부정행위 방지 등) • 과제평가 기능(과제제출, 확인, 첨삭지도) • 상담 기능(1 : 1 상담) • 커뮤니티 및 네트워크 지원 기능(학습 자료실, 토론방, 프로젝트방, 설문, 이메일, 쪽지, 채팅, 커뮤니티, 블로그 등) • 기타 기능(홈페이지 조회, 개인정보 관리, 학사 지원 기능 등)
교수자 지원	• 과목관리 기능(강의계획서, 공지사항, 강의 목록) • 학습관리 및 평가 기능(학생 관리, 출석 관리, 진도 관리, 학습참여 관리, 과제 관리, 시험 관리, 1 : 1 상담) • 성적관리 기능(학업성취도 종합 평가 및 성적 산출 기능) • 커뮤니티 및 네트워크 관리 기능(학습 자료실, 토론방, 프로젝트방, 설문, 이메일, 쪽지, 채팅, 커뮤니티, 블로그 등) • 콘텐츠 검색 및 관리 기능 • 콘텐츠 개발 관리(CDMS) 기능 • 기타 기능(강의평가 결과 조회, 조교 관리, 개인정보 관리 등)
운영자 지원	• 교수자지원, 학습자지원 영역 전체 관리 기능 • 강의실 관리 기능 • 교육과정 관리 기능(과정 정보 관리, 콘텐츠 및 교재 등록) • 학습운영 및 수강 관리 기능(학습정보 관리, 수강진행 관리, 권한 관리 등) • 운영자 지원 기능(사용자 관리, 콘텐츠 관리, 커뮤니티 관리, 상담 관리, 학사 관리, 각종 통계 관리, 모니터링 기능)
특기 사항	• 부정행위 방지를 위한 관련 기능 및 정책을 확보해야 함 • 콘텐츠 표준화(SCORM 등)를 고려한 LCMS 및 해당 기능을 마련해야 함(예: 콘텐츠 패키징 툴, 메타데이터 편집 툴 등) • 학사관리시스템이 있을 경우 기본적인 학사 관리 기능은 학사관리시스템에서 구현 가능(다만 학습자 접근의 용이성을 고려하여 LMS에 구현될 필요 있음)

사이버대학 학사편람에서는 사이버대학의 이러닝 수업을 위해 학습관리시스템(LMS)의 최소 기능을 요구하고 있다. 사이버대학의 학습관리시스템은 학습자 지원기능, 교수자 지원기능, 운영자 지원기능으로 구성된다(사이버대학 학사편람 p.52). 학습자 지원기능은 학칙에 규정된 출석 기준 및 진도 기준에 따라 성적 산출이 가능해야 하며, 시험 시작시간, 종료시간 및 IP 확보 기능 등으로 구성된다. 교수자 지원기능은 학기 전 교과목 개설을 위한 계획서 작성, 담당 강의별 학습자 성적 부여 기능 등이 제공되어야 하며, 운영자 지원기능에는 전체 과목 및 콘텐츠 등록현황 모니터링 기능 등이 필요하다. 표 3-3은 학습관리시스템의 주요 기능을 상세하게 보여주고 있다.

2) 학습관리시스템의 사용대상

학습관리시스템은 학습자, 교수자, 온라인 튜터 및 조교, 운영자 등이 사용할 수 있는 권한을 가지고 각자의 역할에 따라 다양한 기능을 수행할 수 있도록 지원해준다(박종선, 2005).

(1) 교수운영시스템(교수)

이러닝 학습과정이 원활하게 진행될 수 있도록 교수자가 학습에 대한 계획, 지원 및 관리를 할 수 있는 기능으로 구성된다. 구체적으로 질문에 대한 답변, 과제제출 및 평가, 퀴즈 및 평가문항 출제 및 평가, 학생들의 학습진도 체크, 학습공지, 학생관리 등을 수행할 수 있는 기능을 제공한다.

(2) 학습지원시스템(학습자)

이러닝 학습과정에서 교수자와 학습자, 학습콘텐츠와 학습자 간에 이루어지는 학습활동이 효율적으로 진행될 수 있도록 지원하는 기능으로 구성된다. 즉 질의응답, 토론참여, 과제작성 및 제출, 학습콘텐츠 학습, 진도조회, 평가 및 성적확인, 자유게시 등 활동 등을 수행할 수 있는 기능을 제공한다.

(3) 학사운영관리시스템(운영자)

교육과정 운영자가 학습에 대한 전반적인 학사운영을 하기 위해 필요한 관리기능으로 구성된다. 즉 학생 및 교수, 조교에 대한 정보관리, 과목별 학생관리, 과목정보관리, 학습현황분석 및 각종 통계처리 및 출력, 과목이수정보 관리 등을 수행할 수 있는 기능을 제공한다.

3 학습콘텐츠관리시스템의 이해

1) 학습콘텐츠관리시스템의 정의

이러닝 학습시스템의 일종인 학습콘텐츠관리시스템(LCMS: Learning Contents Management System)은 학습활동에 필요한 학습자원이나 학습콘텐츠를 설계하여 개발하고 학습활동에 활용할 수 있도록 관리하는 기능을 수행한다. 학습콘텐츠관리시스템은 콘텐츠를 학습객체(learning object) 단위로 개발, 저장, 관리하여 기 개발된 콘텐츠의 재사용성 및 학습자의 특성에 맞춰 적응하기 쉬운 콘텐츠를 제공하는 시스템으로 규정된다(wikipedia). 학습관리시스템(LMS)을 통해 학습자가 학습활동을 수행하는 과정에서 학습하기를 원하는 특정 학습콘텐츠를 요청하면, 학습콘텐츠관리스템에 저장되어 있던 콘텐츠 중에서 요청받은 학습콘텐츠를 추출하여 학습자에게 전달하는 기능을 수행하게 된다. 이와 같은 학습콘텐츠관리시스템의 주요 사용대상은 학습자들이 아니고 학습콘텐츠를 설계하고 개발하는 교수자나 개발자들이다.

2) 학습콘텐츠관리시스템의 주요 기능

학습콘텐츠관리시스템은 학습에 필요한 학습자원이나 학습콘텐츠를 분석, 설계, 개발 및 관리하기 위해 필요한 시스템으로 교수자나 콘텐츠 개발자들이 학습콘텐츠를 개발하고 관리하는 과정에서 사용하는 시스템이다. 학생들이 학습활동을 수행하는 과정에서 사용하는 학습관리시스템과는 기능이 다를 수밖에 없다.

학습콘텐츠관리시스템은 학습자원이나 콘텐츠를 검색하고 관리하는 기능을 수행한다. 기존에 개발되어 있는 학습자원이나 콘텐츠를 검색하고 관리하는 과정에서 메타데이터(metadata)를 사용한다. 메타데이터는 일종의 인덱스를 의미하는데, 학습자원이나 콘텐츠 각각의 구성요소에 특정의 기호체계를 갖추어 관리하는 것을 의미한다.

메타데이터는 SCORM(Sharable Contents Object Reference Model) 등과 같은 표준화된 형태를 사용하는데 일반적으로 학습자원이나 콘텐츠의 제목, 과목명, 저작자, 저작일시, 개발기관, 사용목적, 사용환경, 사용할 학생의 학년이나 수준, 수정일시, 수정사용자 등과 같은 정보로 구성된다. 메타데이터는 기능에 따라 여러 범주(category)를 사용하는데, SCORM 표준을 활용할 경우에는 학습자원이나 콘텐츠의 일반적인 범주, 수명주기 범주, 기술적인 범주, 교육적인 범주, 소유권 범주, 관계범주 등을 사용하여 관리한다. 학습콘텐츠관리시스템에서 사용하는 메타데이터의 종류는 대학이나 기관에 따라서 다를 수 있으나 기본적으로 학습콘텐츠를 서로 공유하고 효율적으로 관리하기 위해서 표준화된 형태를 사용하는 것이 바람직하다.

학습콘텐츠관리시스템은 학습자원이나 콘텐츠의 개발을 관리하는 기능 외에도 학습활동 과정에서 학습자들이 요청한 학습콘텐츠를 추출하여 해당 학습자에게 학습관리시스템(LMS)을 통해 전달하는 기능을 수행한다.

3) 학습관리시스템과 학습콘텐츠관리시스템의 비교

학습자들이 학습활동을 수행하는 과정에서 사용하는 학습관리시스템(LMS)과 교수자나 콘텐츠 개발자들이 학습자원이나 콘텐츠를 개발하고 관리하는 과정에서 사용하는 학습콘텐츠관리시스템(LCMS)의 기능을 비교하면 다음 표 3-4와 같다.

표 3-4 학습관리시스템과 학습콘텐츠관리시스템의 기능 비교

비교 항목	학습관리시스템(LMS)	학습콘텐츠관리시스템(LCMS)	비 고
주 사용자	교수자 및 학습자	교수자 및 콘텐츠 개발자	운영자는 관리를 위해 모든 기능 사용
관리 대상	학습활동	학습콘텐츠(학습객체)	
학습자 정보 관리	○	×	
학습자 학습활동 관리	○	×	
학습자 성적 관리	○	×	
교수자 교수활동 관리	○	×	
학습콘텐츠 개발 관리	×	○	
학습콘텐츠 재사용 관리	×	○	
학습콘텐츠 활용 관리	×	○	

학습관리시스템은 교수자와 학습자가 교수-학습활동을 수행하기 위해 필요한 기능을 지원하고, 이를 운영 및 관리하기 위한 시스템이다. 학습콘텐츠관리시스템은 학습에 필요한 학습콘텐츠를 분석, 설계, 개발 및 관리하기 위해 필요한 시스템으로 주로 콘텐츠개발에 참여하는 사람(교과내용전문가나 교수자, 교수설계자, 콘텐츠개발자, 프로젝트관리자 등)이 사용한다. 학습자는 학습콘텐츠관리시스템을 사용하는 것이 아니라 그 시스템에 저장되고 관리되는 학습콘텐츠를 사용한다. 때문에 학습콘텐츠관리시스템 학습자와는 직접적인 관계가 없다. 따라서 학습관리시스템의 관리대상은 학습자와 교수자의 교수-학습활동이며, 학습콘텐츠관리시스템의 관리대상은 학습콘텐츠와 학습콘텐츠를 구성하는 학습객체(learning objects)가 된다. 학습관리시스템은 교수-학습과정의 운영을 지원하고 관리하는 기능을 수행하므로 학습자의 기본적인 정보, 학습활동, 협력학습, 일정 및 성적 등의 관리기능과 관계가 있다. 이에 반해, 학습콘텐츠관리시스템은 학습콘텐츠에 대한 관리를 수행하는 것이므로 학습콘텐츠의 생성 및 재사용, 개발 및 관리, 학습자가 학습관리시스템을 통해 필요한 학습콘텐츠를 요구할 때 제공하는 기능 등을 담당하게 된다.

Chapter 4

사이버대학의 교수자 역할

Chapter 4

사이버대학의 교수자 역할

사이버대학교에서의 교수자는 수업목적 및 목표, 학습내용 및 수업방법, 평가기준 및 방법 등에 대한 사항을 기반으로 수업을 설계하는 역할, 학습콘텐츠를 개발할 때 동영상 강의를 수행하는 역할, 이러닝 수업과정을 운영(과목공지, 학생들과의 상호작용 수행, 질의응답, 리포트 채점, 평가문제 출제 및 채점, 강의자료 지원 등)하는 역할 및 학사관리(성적처리, 수업 보완 사항 준비 등)를 지원하는 등의 매우 다양한 역할을 수행한다. 이 외에도 각 전공분야의 연구를 기반으로 학술논문을 작성하는 등의 역할이 요구된다. 따라서 사이버대학의 교수자는 특정 교과에 관한 내용전문가로서 학습자들에게 내용을 전달하는 역할 이상의 매우 전문적이고 다양한 역할을 수행하게 된다.

1 온라인 교수자의 수행 역할

온라인 교수자는 이러닝 환경에서 교수활동을 수행하는 교수자를 의미한다. 대다수의 교수자는 특정 전공분야의 내용전문성을 갖고 있지만, 최근 변하고 있는 온라인을 기반으로 하는 교수-학습환경이나 교수-학습이론 및 모형, 교수법, 교수-학습매체 개발 및 활용, 학습활동 지원 등의 영역에 대한 전문성은 부족한 것으로 인식된다(박종선, 2008; Ataizi, 2005; Sadik, 2007). 사이버대학의 교수자들은 교실수업의 교수자와 달리 온라인 수업을 체계적으로 수행하고 관리하기 위하여 교과목과 수업의 계획, 교안작성, 강의녹화, 스토리보드 및 콘텐츠 검수, 수업운영 및 평가 등과 같은 다양한 역할을 수행하고 있다(박종선, 2008). 이러한 역할을 수행하는 과정에서 온라인 교수자는 교실수업을 담당하는 교수자보다 수업의 계획과 운영에 상대적으로 많은 시간 투자와 인지적, 기술적 수업부담을 갖게 된다(이의길, 2006; Altalib et al., 2002; Berge & Muilenburg, 2001; Care & Scanlan, 2001; Lazarus, 2003; NEA, 2000; Shifter, 2000; Visser, 2000; Zane et al., 2001).

온라인 교수자의 역할은 온라인 수업과정에서 교수자가 수행해야 할 역할을 중심으로 접근해 왔는데, 조직적, 사회적, 지적인 역할 체계로 구분한 것(Mason, 1991)을 교수적(지적), 관리적(조직적, 절차적, 행정적), 사회적, 그리고 기술적 역할의 4가지 범주로 재구조화 한 것이 가장 보편적으로 활용되고 있다(Bcrgc, 1995).

버지(Berge, 1995)가 제시한 온라인 교수자의 역할 체계는 여러 학자들에 의해서 인용되고 있으며(박종선, 2008, 2009; 이인숙 2003; 허희옥 2007; Bonk, 2000; Bonk, Kerkeley, Hara, & Dennen, 2001; Collins & Berge, 1996; Kearsley, 2000; Kim, 2007; Palloff and Pratt, 2001), 온라인 교수자의 역할을 구분하고 설명하는 대표적인 준거 틀(framework)로 사용되고 있다. 그 이유는 온라인 수업에 대한 올바른 인식을 기반으로 온라인 교수자가 수행해야 하는 전반적인 역할에 대해 포괄적으로 제시하고 있기 때문이다. 즉, 온라인 교수자가 온라인 수업을 준비하고 운영하며 평가하는 과정에 이르는 전반적인 과정에서 수행해야 할 다양한 역할을 제시하여, 일부 잘못 인식하고 있는 것처럼 내용전달자로서의 교수자 역할에서 벗어나 시시의 설계자, 전달자, 안내자, 촉진자로서, 상호작용을 통한 사회적 역할의 촉진자로서, 학습과정 운영 및 관리자로서, 기술지원자로서의 역할을 수행하도록 안내하고 있기 때문이다.

이러한 면에서 버지(Berge, 1995)가 분류한 온라인 교수자의 역할 체계는 온라인 교수자들이 수업을 준비하고 운영하는 과정에서 수행해야 할 전반적인 역할을 인식하는데 의미 있는 도움을 주지만, 온라인 교수자들이 이러한 역할을 준비하고 수행하는 과정에서 직면할 수 있거나 실제로 부딪히고 있는 실제적인 문제들을 인식하고 해결하기 위한 지침을 제공해주지 못하는 한계를 가지고 있다. 온라인 교수자의 역할은 수업이 전개되는 특정 상황에서 교수자들이 중요성을 인정한 온라인 수업의 효과를 향상시킬 수 있도록 계획되어야 하므로 일반적인 역할을 인식하는 것은 물론 수행과정에서 직면할 수 있는 여러 가지 문제점들을 파악하고 해결할 수 있도록 방안까지 고려되어야 하기 때문이다.

1) 교수적 역할

교수적(pedagogical) 역할은 온라인 교수자의 역할 중 가장 핵심적인 것으로 교수자의 내용전문성을 바탕으로 학습을 안내하고 설명하는 역할을 의미한다. 즉 수업에 관해 체계적이고 융통성 있는 계획을 세우고, 학습내용에 관해 제시하고 설명하며, 학습자의 반응을 이끌어내기 위해 질문하면서, 학생들의 질문에 대한 답변과 관련한 피드백을 제공하는 과정을 통해 학습자의 참여를 유도하는 활동 등을 의미한다.

교수적 역할에 따라 온라인 교수자는 수업을 설계하는 설계자로서 학습에 필요한 제반 학습자원과 학습콘텐츠를 선정하고 개발하며, 최적의 학습전략을 고려하여 학생들에게 내용을 전달하거나 학습할 수 있도록 절차와 방법을 안내하는 등의 역할을 수행한다. 특히, 수업을 진행하는 과정에서 학생들의 질문에 응답하고, 적합한 자료를 지원하며, 토론을 진행하거나 과제를 제시하면서 커뮤니티 활동을 지원하는 등의 교수-학습을 지도하는 역할을 수행한다.

온라인 교수자가 교수적 역할을 수행하기 위해서는 여러 문제점을 인식할 필요가 있는데, 온라인 수업의 어려움을 이해하지 못하고는 이에 대해 올바로 접근할 수 없기 때문이다. 온라인 교수자의 교육적 역할은 주요 개념, 원리 및 스킬에 대한 학습자의 이해도가 높아지도록 교육적인 과정을 강조하는데 집중하는 것이다. 이러한 활동은 학생들에게 질문을 하고, 학생들이 지식을 구성하는 활동을 증진하도록 다양한 수업활동을 설계하고, 성찰을 유도하고, 토론을 설계하여 요약하고, 구성적인 비판을 제공하고, 아이디어를 만들어내도록 지원하고, 자원을 탐구하고, 필요한 부분에는 설명하거나 정교화를 제공하는 것 등을 포함한다(Ashton et al., 1999; Berge, 1995; Bonk, Kirkley, et al., 2001; Kim, 2007; Mason, 1991). 이와 같은 온라인 교수자의 교육적 역할은 충분한 수준의 안내활동, 심도 깊은 훈련과 성찰활동 등을 요구하는 교수적 과제를 고려할 필요가 있는데, 이와 같은 역할을 수행하는 과정에서 온라인 교수자가 직면할 수 있는 교육적 역할의 실제적인 문제로 문자 기반 커뮤니케이션의 한계, 자율성에 의존하는 수업의 한계, 과정을 중시하는 교과목 특성을 제시하고 있다(Kim, 2007). 즉, 온라인 교수자는 텍스트 기반의 교수활동을 하는 것만으로는 학생들이 자신의 수업에 대해 어떻게 생각하는지, 이해는 얼마나 하고 있는지 등을 파악하는 것이 어려우며, 온라인수업은 과제 제출의 일정 지연, 낮은 학습참여율 등으로 인해 본질적으로 학생들의 자율성에만 의존할 수 없고, 온라인 수업의 효과성은 교과목의 특성에 따라 다양하게 결정될 수 있다는 문제를 제시하고 있다.

2) 사회적 역할

사회적(social) 역할은 교수자가 학습자들이 학습활동을 활발하게 할 수 있도록 친밀하고, 인간적이며, 사회적인 환경을 조성하는 등의 활동을 통해 학습자들이 서로 공동체 의식을 형성하여 지원하는 것을 의미한다. 이 역할을 수행하기 위해서 교수자는 이러닝 학습공간에서 발생하는 이러닝의 과정과 속성에 대해 깊이 이해하고, 이 공간에서 상호작용하는 능력과 학습자들의 상호작용을 촉진시키는 능력이 필요하다. 이를 위해 교수-학습과정에서 교수자는 학습자와의 상호작용, 학습자 동료 간의 상호작용을 촉진하기 위해 질문, 과제, 토론을 활용하고 이를 수행하는 과정에서 학습자들의 친밀감을 강화시킬 수 있는 전략을 강구해야 한다.

온라인 학습과정에서의 사회적 역할은 학습자들과의 의사소통, 커뮤니티 구성 및 활동 촉진, 학습자들 간의 상호작용 등인데, 정보를 교환하고, 느낌과 정서를 교환하고, 시의 적절하게 반응을 하고, 상황에 맞는 커뮤니케이션 유형을 활용하고, 친숙감을 느끼게 하고, 대화를 촉진하고, 부드러운 안부 인사나 칭찬을 하는 것 등이 포함된다(Tu & McIsaac, 2002).

그동안의 여러 연구를 통해 사회적 역할은 이러닝 학습과정에서 간과되기 쉽다고 제시되는데, 온라인 교수자들은 학습자들 간의 사회적 관계형성이 온라인 학습의 효과성에 영향을 미친다고 인식하는 것이 중요하다(Anderson, Rourke, Archer, and Garrison, 2001; Baker & Wood, 2004; Bonk, 2000; Conrad, 2004: Eastmond, 1995).

온라인 교수자가 직면할 수 있는 사회적 역할의 실제적인 문제는 물리적인 특성에서 기인한다. 온라인 교수자는 동영상 설명과 주로 문자로 작성된 자료를 기반으로 구성된 콘텐츠를 통해서 가르치기 때문에 학생들을 다루는 태도와 열정을 표현하는 데 한계를 가질 수밖에 없다. 다양한 몸짓이나 언어적인 감성들이 온라인 수업에서는 배제될 수 있기 때문이다. 또한 온라인 커뮤니케이션은 일대일을 기반으로 하는 상호작용이기 때문에, 면대면 수업에서 모든 학습자들이 상호작용했던 것과 같이 수업에 참여하는 모든 학습자들이 동시에 자연스럽게 커뮤니케이션하고 상호작용할 수가 없다. 온라인 수업에서는 시간이 제한되어 있기 때문에 수업을 듣는 모든 학생들과 사회적인 교류를 하는 것은 어려운 일이다. 교수자와 능동적으로 상호작용했던 제한된 수의 학습자들만 서로 래포(rapport)를 형성할 수 있다. 이러한 문제들을 극복하기 위한 온라인 교수자의 노력이 중요하다. 학생들과 커뮤니케이션 하기 위해 실시간, 또는 비실시간 채팅, 토론, 질의응답 등과 같은 활동을 포함하여 다양한 커뮤니케이션 채널을 활용할 필요가 있다. 커뮤니케이션과 상호작용을 강조한 이와 같은 종류의 수업활동은 가능하면 필수과목으로 학점에 반영해야 교류가 실제적으로 이뤄진다는 점을 인식할 필요가 있다.

3) 관리적 역할

관리적(managerial) 역할은 온라인으로 운영되는 교수-학습과정을 관리하는 것으로, 교과에 대한 지식이 없이도 진행할 수 있는 운영이나 행정과 관련된 역할을 의미한다. 관리적 역할을 위한 활동에는 수업계획안의 제공, 교수-학습의 전체 진행일정 공지, 학습목표 및 학습시간 안내, 구체적인 학습절차 및 방법에 대한 안내, 과제물 안내, 토론 주제 및 방법 안내, 수업진행을 위해 필요한 규칙설정 등의 활동이 포함될 수 있다.

온라인 학습과정에서의 관리적 역할은 수업관리 및 코스 관리와 연계되어 있는데(Coppola, Hiltz & Rotter, 2002), 수업참여와 평가기준 설정, 학습시간 관리, 질의응답에 대한 관리, 학습자 관리, 학습활동에 대한 관리 등이 해당한다. 관리적 역할은 실시간 교실수업보다 인적자원과 수업자원에 관해 보다 많은 관리요소를 포함하기 때문에 온라인 교수자에게 복잡성을 증가시켜 왔다.

관리적 역할에서 교수자는 학생들이 교수자의 의도를 잘못 이해하는 경우에 매우 중요한 역할을 담당하게 된다(Kim, 2007). 즉, 온라인 수업에서 수업전달 매체는 비언어적, 언어적 단서와 커뮤니케이션의 맥락을 배제하기 때문에 커뮤니케이션에서의 오해는 온라인 환경에서 보다 쉽게 발생한다. 특히 학습자들이 온라인 수업에 대한 경험이 적을수록 관리적 역할의 중요성은 더 크기 때문에 온라인 학습의 초기단계에는 관리적 역할의 비중이 더 크다. 또한, 온라인 수업의 구조화 정도가 클수록 관리적 역할의 비중은 줄어들 수 있다(Conrad, 2004).

온라인 교수자가 관리적 역할에서 직면할 수 있는 실제적인 문제는 온라인 튜터나 조교와 같은 교수보조원을 활용하는 문제, 오프라인 수업 활용의 문제, 지속적인 학습참여를 위한 독려 문제, 긴급성을 지원하는 활동의 부족 문제, 수업부담의 문제 등이 있다(Kim, 2007). 즉, 온라인 학습에서는 학생들의 질문에 즉각적으로 응답하는 것이 매우 중요하기 때문에 이를 보충하기 위한 대안으로 조교나 튜터와 함께 응답하는 것과 관련된 문제, 오프라인 특강에 참여할 수 없는 온라인 학생들의 불만 해소 문제, 온라인 학습환경으로부터 학생들이 멀어지지 않도록 이메일, 문자메시지, 전화 등을 통해 지속적인 학습참여를 독려하는 문제, 학생들의 학습활동이나 과제제출 등에 대하여 안내하고 재촉하는 문제, 학생들의 질문, 자료요청, 내용확인, 상담요청 등과 같은 다양한 요구에 24시간 내에 응답해야 하는 문제 등이다.

4) 기술적 역할

기술적(technical) 역할은 학습자가 온라인 학습을 수행하는 과정에서 네트워크, 컴퓨터, 학습지원 프로그램, 학습콘텐츠, 학습운영관리시스템 등을 사용할 때 불편하지 않도록 기술적인 문제를 해결해 주는 것으로, 소프트웨어, 하드웨어 등에 학습자들이 편안함을 느낄 수 있도록 하여 궁극적으로는 학습과 과제활동에 더욱 집중할 수 있도록 돕는 활동을 의미한다. 이를 위해 교수자는 우선적으로 수업과정을 잘 운영하기 위하여 컴퓨터와 통신기기에 익숙하고 편안하게 잘 다룰 수 있어야 한다.

온라인 학습과정의 기술적인 어려움은 학생들이 온라인 학습에 만족하지 못하는 가장 중요한 원인 중의 하나로 지적되어 왔다(Hara & Kling, 2000). 그렇기 때문에, 온라인 교수자가 학습과정에서의 기술적인 어려움을 해결해 주는 역할은 매우 중요한 의미를 지닌다.

온라인 학습과정의 기술적인 어려움은 인터넷과 같은 학습환경, 학습콘텐츠 활용방법, 저작권 등의 법률적인 이슈, 여러 학습지원 툴 등과 관련되어 있다. 즉, 혁신적인 수업전달기술의 활용 문제, 새로운 기술의 적응 문제, 최신의 기술을 지원하는 환경의 활용 문제 등이 발생할 수 있다(Kim, 2007).

2 온라인 교수자의 역할에 대한 연구 결과

1) 일반적인 연구 결과

온라인 교수자의 역할에 대한 연구는 버지(Berge, 1995)가 제시한 역할체계를 중심으로 수행된 연구가 많았는데(가은희, 2002; 박종선, 2008; 오인경, 1998; 이의길, 2006; 이인숙, 2003; 허희옥, 2007; Conrad, 2004; Liu, Lee, Bonk, Su & Magjuka, 2005), 그 결과는 교수적인 역할의 중요성이 강조되었고 이와는 대조적으로 사회적 역할은 매우 미흡한 것으로 나타났다. 온라인 강좌를 처음 운영하는 교수자들을 대상으로 한 연구에서 교수자들은 수업내용의 전달과 관련된 교수적 역할에 중점을 두는 것으로 나타났다(Conrad, 2004).

질적 연구에서 대부분의 온라인 교수자들은 교수적 역할 중 수업설계와 촉진자로서의 역할에 가장 큰 가치를 부여하는 것으로 나타났다(Liu, Lee, Bonk, Su & Magjuka, 2005).

온라인 강좌 수업경험을 가지고 있는 교수자들을 대상으로 수행한 연구에서는 교수적 역할이 중요한 교수자 행동으로 나타났으며, 사회적 역할은 가장 부족한 것으로 나타났다(오인경, 1998). 델파이연구에서도 총 6가지의 교수자 역할 중 교수적 역할과 관련된 항목이 많이 포함된 것으로 나타났다(가은희, 2002).

원격교육에서 교수자의 역량모델 규명에 관한 연구에서 원격교육을 위한 교수자의 역할을 내용전문가, 상호작용 촉진·관리자, 평가자, 사회적 관계 조직자, 정보관리·활용가, 원격교육체제의 협력자, 기획자, 학습지도자, 강의내용 전달자, 교수설계자, 강의자료 개발자 및 교육과정 개발자로 규정하였다(홍순정, 장은정, 서윤경, 2004). 이 연구에서 원격교육 교수자의 역할에 대한 중요도 조사 결과, 중요도 평균이 가장 높은 역할은 '내용전문가'로서의 역할(M =4.81, SD=.48), 이어서 '교수설계자(M=4.53, SD=.67)', '강의내용전문가(M =4.46, SD=.75)', '강의자료 개발자(M=4.41, SD=.77)'의 순으로 나타났다. 교수자들은 대부분의 역할에 대하여 중요하다고 응답하였으며, '사회적 관계 조직자'나 '원격교육체제에서의 협력자'의 역할에 대해서는 다소 중요하지 않다고 인식하는 것으로 나타났다.

사이버대학 교수자들을 대상으로 수행한 교수자의 역할과 관련된 연구에서 지식의 전달은 매우 중요한 교육적 가치인 것으로 판단되었지만, 초보 교수자에 비해 온라인 교육에 대한 경험이 높아질수록 이러한 본질적 가치관이 달라질 가능성이 있는 것으로 나타났다(이외길, 2006).

사이버대학 교수자들을 대상으로 교수적, 사회적, 관리적, 기술적 및 태도 영역에 관한 이러닝준비도를 조사한 연구의 모든 영역에서는 모두 보통 수준 이상의 역량과 인식을 갖고 있었으며, 관리적 역량이 다른 역량에 비해 상대적으로 가장 높은 것으로 나타났다(박종선, 2008). 특히, 1년 미만의 신임교수들은 이러닝준비도에 관한 역량을 개발할 필요가 있었고, 전임 교수자에 비해 외래 교수자는 온라인 교수자의 역할을 교육적 영역에 치중하고 있었으며, 사회적 영역에 관한 역할은 부족한 것으로 나타났다. 이 연구를 통해 무엇보다 신임교원과 외래교원들을 대상으로 교수자의 역할을 올바로 인식하고 수행할 수 있도록 이러닝준비도와 관련된 역량 육성의 중요성을 실증적으로 입증하는 근거를 제시하였다.

2) 실제적인 수행역할 분석 결과

S사이버대학 교수자를 대상으로 온라인 교수자의 실제적인 수행역할을 수업 설계, 개발, 운영 및 평가의 과정으로 구분하여 분석한 결과, 수업 설계 과정에서는 담당 교과목에 대한 기획안인 교과목기획서를 작성하고 이를 기반으로 수업활동에 대한 세부 계획안인 수업계획서를 설계하는 활동을 수행하였다. 온라인 교수자의 수업 개발과 관련된 역할은 학습콘텐츠를 개발하는 과정에서의 수행 역할과 관계된 것이다. 이에 따라 담당 교과목에 대한 원고를 작성하고, 이를 기반으로 학습자와 개발자가 활용할 교안을 작성하며, 교수설계자들이 작성한 스토리보드를 검수하고, 동영상 강의를 녹화하며 개발이 완료된 학습콘텐츠를 검수하는 역할을 수행하였다. 온라인 교수자는 수업을 효율적으로 운영하기 위하여 수업 전, 수업진행 중, 수업 후 단계로 구분하여 운영할 필요가 있고, 수업운영 관련주체별로 역할 체계를 설정하여 효율적 수업운영을 지원하여 수업 운영의 질 관리를 수행하였다. 온라인 교수자의 수업 평가 역할은 수업에 대한 만족도를 평가하기 위한 강의평가와 수업의 과정과 결과에 대한 요소들을 평가하여 학습내용 이해도를 측정한다.

이와 같은 온라인 교수자의 과정별 수행 역할을 기반으로 하는 개선사항은 다음과 같았다(박종선, 2010).

첫째, 온라인 교수자는 수업의 개발과 운영과정에 가장 많은 시간과 노력을 투여할 필요가 있고, 경험이 적은 교수자일수록 수업 운영과정에 보다 많은 관심을 가질 필요가 있다.

둘째, 온라인 교수자는 학습콘텐츠 개발과 관련된 지식, 학습자들의 학습동기 유발을 촉진하기 위한 전략, 학습자들의 학습관리 활동을 촉진하기 위한 전략, 효과적인 토론 전략, 학습자들의 만족도를 향상시키기 위한 전략, 학습자 평가 전략 등의 내용에 대한 전문성을 가질 필요가 있다.

셋째, 온라인 교수자는 학습자 특성을 체계적으로 분석하여, 개별학습자의 특성을 학습콘텐츠나 수업운영과정에 반영하도록 수업을 설계하고, 수업 개발 과정에 많은 시간을 할애하고 이러한 역할을 수행하는 과정에서 교수자 자신만이 아니라 콘텐츠 개발팀의 교수설계자, 개발자 등과 원활한 커뮤니케이션을 수행해야 하며, 대단위 수업 운영을 위한 학습자 관리 및 지원, 사회적 상호작용의 부족, 강의평가의 실효성 등에서 많은 어려움이 있으므로 이를 해결할 수 있는 대안을 고려할 필요가 있다.

넷째, 온라인 교수자는 효과적으로 역할을 수행할 수 있도록 교과목에 대한 지식과 분석능력은 물론 교수-학습모형과 전략에 대한 지식과 활용 능력, 학습자 및 학습환경에 대한 분석능력, 온라인 수업운영 및 관리 능력, 운영전략을 설계할 수 있는 역량, 학습콘텐츠 개발 과정에 대한 전문적인 지식과 역량, 교수설계자 및 개발자들과의 커뮤니케이션을 위한 스킬, 다양한 정보기술의 특성을 파악하고 활용하기 위한 지식과 역량, 온라인 수업의 운영 및 관리에 대한 지식과 역량, 커뮤니티 지원 도구, 온라인 실시간 상호작용 도구 등과 같은 다양한 온라인 학습지원도구의 활용 필요성에 대한 인식과 활용 교육, 대규모 수업에서 학습자 평가 방법에 대한 전문적인 지식과 역량 등을 개발할 필요성이 있다.

3 이러닝 교수자를 위한 준비도 양식

이러닝 교수자 준비도(readiness for e-Learning faculty members)는 이러닝 교수자의 수업 준비 및 수행역량을 검토하기 위한 체크리스트를 의미한다. 연구에 따르면 이러닝 수업을 준비하고 운영하는 이러닝 교수자들은 자신이 소유하고 있는 지식과 경험을, 이러닝 혹은 수업에서 기술적인 요소로 활용할 수 있는 지에 따라 이러닝 수업을 잘 수행할 수 있거나 그렇지 않은지가 결정된다고 한다. 이러닝 교수자의 이러닝 준비도를 평가하기 위해 사용할 수 있는 체크리스트의 예는 다음과 같다.

1) 사딕(Sadik)의 온라인 교수자를 위한 준비도 양식

온라인 교수자를 위한 준비도를 체크하기 위해 역량을 기술적 역량과 교육적 역량으로 구분하고, 경험 척도를 사용경험, 교육훈련에 대한 인식, 사전경험으로 분류하였으며, 태도를 측정하기 위해 불안감, 자신감, 선호성 및 중요성으로 구분하였다(Sadik, 2007, pp.433-453).

(1) 역량을 체크하기 위한 하위 척도(competencies subscale)

① 기술적 역량(technical competencies)

1. 이러닝을 위한 웹(web) 페이지를 디자인할 수 있다.
2. 온라인 토론을 진행할 수 있다.
3. 온라인 코스에 대한 학습환경을 설계할 수 있다.
4. 이러닝 학습자들에게 도움을 줄 수 있다.
5. 이러닝 학습자들을 위한 좋은 학습안내서를 작성할 수 있다.
6. 이러닝 학습자원을 설계할 수 있다.
7. 이러닝과 관련된 법률적인 이슈(예: 저작권, 개인사생활 침해 등)를 담당할 수 있다.

② 교육적 역량(pedagogical competencies)

1. 이러닝 학습자의 요구를 분석할 수 있다.
2. 이러닝 학습자들의 문제를 예견할 수 있다.
3. 학습자들의 다양한 학습양식을 지원할 수 있다.
4. 이러닝 코스의 학습목표를 설정할 수 있다.
5. 학습자의 동기를 향상시킬 수 있다.
6. 이러닝 학습자들을 위한 그룹 학습과제를 설계할 수 있다.
7. 이러닝 코스에서 학습자 참여위주의 학습방법을 사용할 수 있다.
8. 이러닝 학습자들의 풍부한 학습경험을 활용할 수 있다.
9. 자기주도학습을 지원할 수 있다.
10. 총체적인 문제해결방법을 통해서 이러닝 학습자들을 지원할 수 있다.

11. 이러닝 학습자들을 평가하기 위하여 비전통적인 평가방법을 사용할 수 있다.
12. 문화적으로 다양한 학습자들을 다룰 수 있다.

(2) 경험을 체크하기 위한 하위 척도(experience subscale)

① 사용빈도(frequency of use)

1. 학습자원을 찾기 위해 웹을 검색한 경험이 있다.
2. 학습자들을 위해 이러닝 학습자료를 만들고 전달한 경험이 있다.
3. 인터넷을 통해 학습자들과 의사소통한 경험이 있다.
4. 이러닝 성과를 평가해본 경험이 있다.

② 교육훈련에 대한 경험(training received)

1. 정보통신공학기술에 관한 교육훈련을 받은 경험이 있다.
2. 온라인 튜터링의 원리와 방법을 교육받은 경험이 있다.
3. 이러닝을 위한 수업설계에 관해 교육받은 경험이 있다.

③ 선행경험(prior use)

1. 이러닝 학습자료를 개발한 경험이 있다.
2. 이러닝 코스를 개발한 경험이 있다.
3. 가상학습환경을 사용해본 경험이 있다.
4. 이러닝 저작도구 패키지를 사용해본 경험이 있다.
5. 다른 동료 교수님들이 개발한 이러닝 학습자료를 사용해본 경험이 있다.
6. 상업적인 이러닝 코스를 사용해본 경험이 있다.
7. 특정 이러닝 코스에 학습자로 참여해본 경험이 있다.
8. 비디오컨퍼런싱이나 온라인 토론의 사회를 본 경험이 있다.

(3) 태도를 측정하기 위한 하위 척도(attitude subscale)

① 불안감(anxiety)

1. 수업을 전달하기 위해 이러닝 기술을 사용할 수 있다는 생각은 나를 편안하게 한다.
2. 이러닝 기술을 사용해야 한다는 사고는 나를 매우 초조하게 만든다.
3. 학생들을 가르치려면 이러닝 기술을 능숙하게 사용하도록 노력해야 한다는 것은 불안한 기분이 들게 한다.
4. 이러닝 학습자들을 평가하는 것은 다른 학습자들을 평가하는 것보다 훨씬 어렵게 느껴진다.
5. 이러닝 학습자들이 코스를 완료하기 위해서는 매우 높은 수준의 동기가 필요하다고 생각한다.

② 자신감(confidence)

1. 학생들을 가르칠 때 발전된 이러닝 기술을 사용할 수 있는 능력 때문에 자신감을 가지게 된다.
2. 나는 실수할 수 있다는 두려움 때문에 이러닝 기술의 사용을 망설인다.
3. 이러닝 기술을 사용할 때 내가 알 필요가 있는 대부분의 것을 스스로 배울 수 있다.
4. 내가 이러닝 기술에 관해 더 많은 것을 알고 있었다면, 기술을 사용하는 것에 관해 더 편안하게 생각했을 것이다.
5. 나는 다른 교수님들이 자신의 교수과정에서 이러닝 기술을 사용하는 것을 볼 때 위기감을 느낀다.
6. 이러닝 사용 기술을 아는 것은 나의 직무 가능성을 향상시킬 것이다.
7. 이러닝 학습자료를 개발하는 것은 집중적인 훈련과 지원이 필요하다.

③ 선호성(liking)

1. 인터넷은 코스 학습자료를 개발하기 위한 가치로운 자원이다.
2. 수업을 설계하고 전달하기 위해 이러닝 기술을 사용해야 한다고 자주 생각한다.

3. 학생들을 가르치기 위해 컴퓨터 사용방법을 설계하는 것을 즐겁다고 생각한다.
4. 나는 일부 강사들이 컴퓨터 기반의 코스를 개발하기 위해 왜 그렇게 많은 시간을 할애해야 하는지를 잘 이해하기 어렵다.
5. 나는 학생들을 가르칠 때 새로운 이러닝 기술을 사용하는 것을 좋아한다.
6. 이러닝 코스를 개발하는 것은 전통적인 코스를 개발하는 것보다 훨씬 더 많은 시간을 할애해야 한다고 생각한다.
7. 교수들이 보다 많은 인센티브를 받기 위해서는 이러닝 코스를 설계할 수 있어야 한다.

④ 중요성(importance)

1. 이러닝 기술을 사용하는 것은 양질의 교육을 수행하기 위한 지름길이므로 중요하다.
2. 학생들이 하나의 학습자원으로 인터넷 사용방법을 배우는 것은 중요하다.
3. 내 사무실에서 인터넷이 연결되는 것은 유용하다.
4. 나는 수업을 전달하기 위해 이러닝 기술을 사용하는 것에 대해 어려움을 겪고 있다.
5. 정보를 찾기 위해 인터넷을 탐색하도록 요구하는 이러닝 코스에서 학생들은 많은 것을 배울 수 있다.
6. 이러닝 기술을 사용하는 방법에 관한 학습은 시간낭비이다.
7. 학습자들은 자신들을 가르치는 과정에서 이러닝 기술이 사용될 때 보다 많은 것을 배운다.
8. 학생들이 학습을 위해 컴퓨터 사용방법을 배우는 것은 중요하다.
9. 학생들을 가르치기 위해 사용될 수 있는 이러닝 기술이 무엇이든지 나는 잘 활용할 수 있다.
10. 이러닝은 전통적인 교실수업에 대한 가치있는 대안이다.
11. 학생들은 전통적인 강의실에서처럼 이러닝을 사용하여 많은 것을 학습할 수 있다.

12. 이러닝 코스는 매우 비용이 많이 든다.
13. 이러닝은 보상이 적다.

2) 스미스(Smith)의 온라인 교수자를 위한 준비도 양식

온라인 교수자를 위한 준비도를 파악하기 위한 역량 체크리스트 문항 51가지를 다음과 같이 제시하였다(Smith, 2005, pp.16-18).

1. 교수자보다는 학습촉진자로서의 역할을 수행할 수 있다.
2. 코스를 시작할 때 새로운 학습자들에게 너무 많은 부담을 주어서는 안 된다.
3. 코스의 요구사항을 명확하게 분석할 수 있다.
4. 학습에 참여하지 않는 학습자들을 자발적으로 접촉할 수 있다.
5. 평생학습자가 되어야 한다.
6. 높은 기대감을 갖고 의사소통할 수 있다.
7. 기술적인 정보를 언어로 쉽게 설명할 수 있다.
8. 참여자들 사이에 일종의 커뮤니티를 만들고 촉진시키는 분위기를 조장할 수 있다.
9. 학생의 책임과 의무, 평가 기준, 수행해야 할 일과 하지 말아야 할 일, 코스의 전반적인 구성 등이 수업의 상호작용 측면에서 제시되어 있는 효과적인 온라인 강의계획서를 만들 수 있다.
10. 수업을 방해하는 학생들을 효과적으로 다룰 수 있다.
11. 참여와 평가 기준을 규정할 수 있다.
12. 학생들이 서로 존중하고 협력할 수 있게 만들 수 있다.
13. 관계를 형성할 수 있다.
14. 코스를 효과적이고 효율적으로 관리할 수 있다.
15. 온라인 학습을 지원하기 위해 선택된 기술이면 무엇이든지 효과적으로 사용할 수 있다.
16. 정시학습을 강조할 수 있다.

17. 학생과 교수 사이의 면담을 촉진시킬 수 있다.
18. 학생들이 실생활에서 겪은 예제를 온라인 수업에 가져오도록 촉진시킬 수 있다.
19. 교수자 자신들을 평가할 수 있다.
20. 학생들을 평가할 수 있다.
21. 학습자 중심의 학습과정을 촉진할 수 있다.
22. 학생들이 과제물 제출시한과 학습참여 시한을 잘 지키도록 할 수 있다.
23. 학생들에게 적절한 피드백을 제시할 수 있다.
24. 이러닝 기술을 활용할 수 있다.
25. 학생들이 교육기관과 그 기관의 문화에 적응하도록 도울 수 있다.
26. 학생들이 비판적인 사고능력을 기를 수 있도록 도울 수 있다.
27. 학생들이 적절한 학습 기법을 선택하고 사용하도록 도울 수 있다.
28. 학생들에게 요구된 개선 영역과 강점을 규정하도록 도울 수 있다.
29. 학생들에게 최신의 동향과 이슈를 알려줄 수 있다. 지속적으로 교수자의 스킬과 지식을 향상시킬 수 있다.
30. 수업의 탄력을 유지할 수 있다.
31. 온라인 학습환경으로 전환할 수 있다.
32. 학생들의 기대감을 관리할 수 있다.
33. 참여를 요구할 수 있다. 참여율이 떨어지거나 대화가 잘못된 방향으로 전개될 때 개입하여 제한할 수 있다.
34. 좋은 학습자 참여 모델을 만들 수 있다.
35. 온라인 교육에 관련된 사람들과 네트워크를 형성할 수 있다.
36. 학생들이 온라인 학습을 준비하게 할 수 있다.
37. 협력학습을 촉진시킬 수 있다.
38. 학생들의 자기 성찰을 촉진시킬 수 있다.
39. 유연성을 늘리거나 협상하는 것 이외에 학생들에게 핵심내용을 제공할 수 있다.
40. 화면에서 내용에 관한 참조인물이 있다는 것을 알 수 있다.

41. 학습을 위한 다양한 기능과 방법을 인정할 수 있다.
42. 교육기관의 학업성취도 가이드라인을 인정할 수 있다.
43. 개인 사생활보호에 관한 이슈를 인정할 수 있다.
44. 잘 구조화된 코스 사이트를 정할 수 있다.
45. 학생들에게 온라인 학습에 관해 가르칠 수 있다.
46. 내용을 온라인으로 전달하기 적합하게 변환할 수 있다.
47. 참여적인 학습기법을 사용할 수 있다.
48. 참여를 촉진시키기 위해 모범적인 실례를 사용할 수 있다.
49. 유머를 사용할 수 있다.
50. 웹을 학습자원으로 사용할 수 있다.
51. 학생들 대부분이 동료들과 교수를 통해 학습하는 것에 관해서 즐거움을 느끼고 마음을 열 수 있다.

3) 아타이지(Ataizi)의 온라인 교수자를 위한 준비도 양식

온라인 교수자를 위한 준비도를 파악하기 위해 인터넷 역량, 실시간 상호작용 역량, 비실시간 상호작용 역량 1과 2의 4가지 역량으로 구분하여 제시하였다(Ataizi, 2007, pp.2316~2321).

(1) 인터넷 역량을 체크하기 위한 하위 척도(internet competencies subscale)

1. 나는 웹 브라우저(e.g. explorer or netscape)를 열 수 있다.
2. 나는 웹 브라우저를 통해 글을 읽을 수 있다.
3. 나는 특정 웹 사이트를 연결하기 위해 클릭할 수 있다.
4. 나는 특정 웹 사이트의 주소(URL)를 입력하여 접속할 수 있다.
5. 나는 웹 사이트를 북 마크할 수 있다.
6. 나는 웹 사이트 내용을 출력할 수 있다.
7. 나는 한 두 개의 키워드를 사용하여 인터넷 검색을 할 수 있다.
8. 나는 웹 사이트의 이미지를 하드 디스크로 다운로드 하여 저장할 수 있다.

9. 나는 웹 사이트에서 내용을 복사하여 한글이나 워드와 같은 문서에 삽입할 수 있다.
10. 나는 문자, 이미지 및 링크가 있는 단순한 웹 페이지를 만들 수 있다.

(2) 실시간 상호작용을 체크하기 위한 하위 척도(synchronous interaction subscale)

1. 나는 실시간 채팅 시스템에 (필요한 경우) 사용자명을 입력할 수 있다.
2. 나는 실시간 채팅 시스템에서 한두 명 이상 구성원들의 메시지를 읽을 수 있다.
3. 나는 실시간 채팅 시스템에서 동료들의 의견에 답변할 수 있고, 내 자신의 의견을 말할 수 있다(일대 다수의 상호작용).
4. 나는 실시간 채팅 시스템에서 특정 동료 한 사람과 사적인 상호작용을 할 수 있다(일대일 상호작용).

(3) 비실시간 상호작용을 체크하기 위한 하위 척도 Ⅰ(asynchronous interaction subscale Ⅰ)

1. 나는 이메일 시스템에 로그인하고, 로그아웃할 수 있다.
2. 나는 특정인에게 이메일 메시지를 보낼 수 있다(일대일 상호작용).
3. 나는 동시에 여러 사람에게 이메일 메시지를 보낼 수 있다.
4. 나는 이메일 메시지에 답변할 수 있다.
5. 나는 이메일 메시지를 전달(forwarding)할 수 있다.
6. 나는 이메일 메시지를 삭제할 수 있다.
7. 나는 이메일 주소록을 만들 수 있다.
8. 나는 이메일 메시지에 첨부된 파일을 하드 디스크에 저장하여 읽을 수 있다.
9. 나는 이메일 메시지에 파일을 첨부하여 보낼 수 있다.

(4) 비실시간 상호작용을 체크하기 위한 하위 척도 II(Asynchronous Interaction Subscale II)

1. 나는 비실시간 회의 시스템에 로그인하고 로그아웃할 수 있다.
2. 나는 비실시간 회의 시스템에 새로운 메시지를 등록할 수 있다.
3. 나는 비실시간 회의 시스템에 등록된 메시지를 읽을 수 있다.
4. 나는 비실시간 회의 시스템에 등록된 메시지에 대해서 모든 구성원들이 읽을 수 있도록 답변할 수 있다.
5. 나는 비실시간 회의 시스템에 등록된 메시지에 대해서 특정한 한사람만 읽을 수 있도록 답변할 수 있다.
6. 나는 비실시간 회의 시스템에서 특정 파일을 하드 디스크로 다운로드할 수 있다.
7. 나는 비실시간 회의 시스템에 특정 파일을 업로드하여 보낼 수 있다.

4) 박종선의 온라인 교수자를 위한 준비도 양식

원격대학 교수자를 위한 교육훈련 프로그램 개발의 일환으로 교수자의 이러닝에 대한 준비도 조사 양식을 교수자의 기본정보, 기술적, 관리적, 교육적, 사회적 영역 및 태도 영역으로 구분하여 제시하였다(박종선 등, 2008, pp.43-48).

교수자의 기본 정보 조사 문항

• 다음은 기본 사항에 관련된 내용입니다. 각 문항을 읽고 응답해 주십시오.

1. 교수님의 연령(만)은 어떻게 되십니까?
   □ 20대　□ 30대　□ 40대　□ 50대 이상

2. 교수님의 성별은 어떻게 되십니까?
   □ 남　□ 여

3. 교수님의 학력은 어떻게 되십니까?
   □ 학사　□ 석사　□ 박사수료　□ 박사

4. 교수님의 소속 학과는 어떻게 되십니까?
   □ 사회복지학과　□ 노인복지학과　□ 복지시설경영학과
   □ 유아교육학과　□ 상담심리학과　□ 가족상담학과
   □ 군경상담학과　□ 부동산학과　□ 법무행정학과
   □ 경영학과　□ 국제무역물류학과　□ 금융보험학과
   □ 컴퓨터정보통신학과　□ 멀티미디어디자인학과
   □ 게임애니메이션학과　□ 교양학과

5. 교수님의 수업 경력(온라인+오프라인)은 모두 얼마나 되십니까?
   □ 1년 미만　□ 1~2년　□ 3~5년
   □ 6~9년　□ 10년 이상

6. 교수님의 온라인 수업 경력은 모두 얼마나 되십니까?
   □ 1년 미만　□ 1~2년　□ 2~3년
   □ 3~5년　□ 5년 이상

7. S사이버대학에서의 온라인 수업 경력은 얼마나 되십니까?
   □ 1년 미만　□ 1~2년　□ 2~3년
   □ 3~5년　□ 5년 이상

8. 교수님의 직급은 어떻게 되십니까?

☐ 전임교원 ☐ 외래교원 ☐ 기타

9. 사이버대학 교수로서 가장 필요한 역량이라 생각되는 것을 순서대로 번호를 기입해 주십시오.

☐ 양질의 콘텐츠 개발과정에서 내용전문가와 교수자 역할
☐ 수업을 위한 학습자와의 상호작용 역할
☐ 학습자 간의 파트너십 형성을 위한 온·오프라인 코디네이터 역할
☐ 수업의 목표, 방향설정, 교수-학습모형 선정 등의 수업설계 역할
☐ 기타( )

교수자의 기술적 영역 조사 문항

• 다음은 온라인 수업의 기술 영역에 관련된 내용입니다. 각 문항을 읽고 응답해 주십시오.

① 전혀 아니다	② 그렇지 않다	③ 보통이다	④ 그렇다	⑤ 매우 그렇다

구 분	문 항	응 답				
1	나는 여러 가지 이러닝 학습자원(예-검색 툴, 멀티미디어 등)를 수업에 적절하게 활용할 수 있다.	①	②	③	④	⑤
2	나는 이러닝 학습환경(예-인터넷, 저작도구 등)을 잘 이해하고 있다.	①	②	③	④	⑤
3	나는 이러닝 학습자들을 지원하기 위한 기술적인 문제해결방법을 이해하고 있다.	①	②	③	④	⑤
4	나는 이러닝 학습자들을 위한 학습 안내(예-콘텐츠 활용법 등)를 제공할 수 있다.	①	②	③	④	⑤
5	나는 이러닝과 관련된 법률적인 이슈(예-저작권, 개인사생활 침해 등)를 잘 알고 있다.	①	②	③	④	⑤
6	나는 정보통신공학 기술(예-OA, 파일관리 및 변환, 툴 등)에 관한 교육을 받은 경험이 있다.	① 있다		② 없다		
7	나는 특정 이러닝 수업이나 코스에 학습자로 참여해 본 경험이 있다.	① 있다		② 없다		

교수자의 관리적 영역 조사 문항

• 다음은 온라인 수업의 관리 영역에 관련된 내용입니다. 각 문항을 읽고 응답해 주십시오.

① 전혀 아니다	② 그렇지 않다	③ 보통이다	④ 그렇다	⑤ 매우 그렇다

구 분	문 항	응 답				
1	나는 이러닝 학습자들의 수업참여와 평가 기준을 설정할 수 있다.	①	②	③	④	⑤
2	나는 학생들이 과제물 제출 시한과 학습참여 시한을 잘 지키도록 유도할 수 있다.	①	②	③	④	⑤
3	나는 온라인 튜터링의 원리와 방법을 교육받은 경험이 있다.	① 있다		② 없다		
4	나는 학습자가 신속한 기술적, 행정적 지원을 받을 수 있어야 온라인 수업을 성공적으로 완료할 수 있다고 생각한다.	①	②	③	④	⑤
5	나는 학습자의 질문에 답변을 준비하기 위하여 많은 시간을 가질 필요가 있다고 생각한다.	①	②	③	④	⑤
6	나는 학습자와의 일상적인 만남이 온라인 수업을 성공적으로 완료하기 위해 중요하다고 생각한다.	①	②	③	④	⑤
7	나는 학생들의 참여율이 떨어지거나 참여가 잘못된 방향으로 전개되는 것을 통제할 수 있다.	①	②	③	④	⑤
8	나는 수업운영을 방해하는 학생들(예-쓸데없는 질문을 하거나, 불필요한 내용을 게시하는 등)을 효과적으로 다룰 수 있다.	①	②	③	④	⑤

교수자의 교육적 영역 조사 문항

• 다음은 온라인 수업의 교육 영역에 관련된 내용입니다. 각 문항을 읽고 응답해 주십시오.

① 전혀 아니다	② 그렇지 않다	③ 보통이다	④ 그렇다	⑤ 매우 그렇다

구 분	문 항	응 답				
1	나는 이러닝 학습자들의 요구를 파악하여 분석할 수 있다.	①	②	③	④	⑤
2	나는 온라인 수업을 체계적으로 설계할 수 있다.	①	②	③	④	⑤
3	나는 이러닝 학습자들의 학습과정에서의 어려움을 예측할 수 있다.	①	②	③	④	⑤

(계속)

구 분	문 항	응 답				
4	나는 학습자들의 다양한 학습양식(learning style)을 지원할 수 있다.	①	②	③	④	⑤
5	나는 온라인 수업의 학습목표를 설정하는 데 어려움을 느낀다.	①	②	③	④	⑤
6	나는 학습자의 동기 유발 방법을 잘 알고 활용할 수 있다.	①	②	③	④	⑤
7	나는 학습자 참여 위주의 학습방법을 활용할 수 있다.	①	②	③	④	⑤
8	나는 이러닝 학습자들의 학습경험을 풍부하게 조직할 수 있다.	①	②	③	④	⑤
9	나는 이러닝 학습자들의 자기주도학습을 지원할 수 있다.	①	②	③	④	⑤
10	나는 이러닝 학습자들을 평가하기 위해 다양한 방법을 활용할 수 있다.	①	②	③	④	⑤
11	나는 온라인 토론을 적절히 운영할 수 있다.	①	②	③	④	⑤

교수자의 사회적 영역 조사 문항

• 다음은 온라인 수업의 사회적 영역에 관련된 내용입니다. 각 문항을 읽고 응답해 주십시오.

① 전혀 아니다	② 그렇지 않다	③ 보통이다	④ 그렇다	⑤ 매우 그렇다

구 분	문 항	응답				
1	나는 인터넷(예-이메일, 쪽지, 채팅, 커뮤니티 등)을 통해 학습자들과 의사소통을 잘 할 수 있다.	①	②	③	④	⑤
2	나는 온라인에서 학습자 커뮤니티를 만들고, 촉진시키는 분위기를 조성할 수 있다.	①	②	③	④	⑤
3	나는 수업의 상호작용을 위해 학생의 책임과 의무, 수행해야 할 일과 하지 말아야 할 일 등이 잘 제시되어 있는 효과적인 온라인 강의계획서를 만들 수 있다.	①	②	③	④	⑤
4	나는 학생들이 서로 존중하고 협력할 수 있도록 지원할 수 있다.	①	②	③	④	⑤
5	나는 학생과 교수 사이의 상담 또는 교류를 촉진시킬 수 있다.	①	②	③	④	⑤
6	나는 학생들이 온라인 학습에 잘 적응하도록 도울 수 있다.	①	②	③	④	⑤
7	나는 학생들의 자기 성찰을 촉진시킬 수 있다.	①	②	③	④	⑤
8	나는 학생들이 동료들이나 교수와 함께 학습하는 것에 즐거움을 느끼도록 지원할 수 있다.	①	②	③	④	⑤

교수자의 태도 영역 조사 문항

• 다음은 온라인 교수자의 태도에 관련된 내용입니다. 각 문항을 읽고 응답해 주십시오.

① 전혀 아니다	② 그렇지 않다	③ 보통이다	④ 그렇다	⑤ 매우 그렇다

구 분	문 항	응 답				
1	수업을 준비하고 운영하는 과정에서 인터넷이나 정보통신 기술을 사용해야 한다는 생각이 나를 긴장하게 만든다.	①	②	③	④	⑤
2	수업을 준비하고 운영하는 과정에서 교수-학습모형, 교수설계 등의 이러닝 관련 지식을 알아야 한다는 생각이 나를 긴장하게 만든다.	①	②	③	④	⑤
3	나는 학생들을 가르칠 때 새로운 기술이나 기법을 사용하는 것을 좋아한다.	①	②	③	④	⑤
4	나는 일부 교수들이 이러닝 콘텐츠를 개발하기 위해 왜 그렇게 많은 시간을 할애해야 하는지 잘 이해할 수 있다.	①	②	③	④	⑤
5	학생들은 전통적인 강의실에서처럼 이러닝을 사용하여 많은 것을 학습할 수 있다.	①	②	③	④	⑤
6	나는 학생들을 가르치기 위해 필요한 인터넷 기술은 무엇이든지 잘 활용할 수 있다.	①	②	③	④	⑤

e-Learning

Chapter 5

사이버대학의 학습자 역할

Chapter 5

사이버대학의 학습자 역할

1 이러닝 학습자의 특성

1) 이러닝 학습자의 서약

이러닝 학습자는 스스로 다음과 같은 신념을 가질 필요가 있다.

- 자기주장(self advocacy): 나는 배울 필요가 있다.
- 자기충족(self sufficiency): 내 학습에 대한 책임은 나에게 있다.
- 자기신뢰(self confidence): 나는 배울 수 있다.
- 학습과정(learning process): 나는 어떻게 학습하는지를 안다.
- 자기평가(self evaluation): 내가 배우고 있는지 여부를 안다.

이와 같은 인식이 없으면, 이러닝은 아무리 설명한다고 해도 어려운 것으로만 인식될 것이다(Masie, 2004, p.5). 학습자 자신이 원하는 이러닝 학습의 성과를 성취하기 위해서는 이러닝 학습에 대한 굳은 신념을 가져야 한다.

2) 이러닝 학습자의 소임

지식기반사회에서 학습자는 학습자 주도의 학습활동을 통해서 학습내용을 습득하고 이를 기반으로 창의적으로 문제를 해결할 수 있는 역량을 갖추는 것이 매우 중요하다. 현대사회에서는 다양한 지식과 경험을 활용한 문제해결을 중요시하기 때문에 지식의 습득을 강조하는 기존의 수동적인 학습활동보다는 이를 적용하고 활용하는데 초점을 맞춘 자기주도적인 학습활동이 요구된다. 즉, 교수자가 학습자에게 학습내용을 전달하는 학습활동보다는 학습자가 문제해결을 위해 다양한 지식을 적용하고 활용할 수 있는 자기주도 학습활동이 더 중요하다는 의미이다. 이를 위해서 이러닝 학습환경은 학습자가 자기주도학습을 수행하기에 적합한 최적의 환경이 될 수 있다.

이러닝 학습자의 역할을 올바로 이해하기 위해서는 학습과정에서의 패러다임 변화를 이해할 필요가 있다. 패러다임(paradigm)이란 토마스 쿤(Thomas Samuel Kuhn)이 자신의 저서 '과학혁명의 구조(1962)' 에서 사용한 용어이다. 그는 과학의 발전은 점진적으로 이루어지는 것이 아니라 패러다임의 변화에 의해 혁명적으로 이루어진다고 하였다. 따라서 패러다임은 어떤 현상이나 문제에 대한 보다 포괄적이고 근본적인 인식체계 또는 사고체계를 의미하는 용어로 사용된다.

교육 분야에서도 패러다임은 학습시스템을 비교하기 위한 일종의 개념적인 틀로 사용할 수 있다. 전통적인 교수(teaching)중심 패러다임과 지식기반사회의 학습(learning)중심 패러다임이 그것이다. 교수중심 패러다임은 지식의 이해를 목적으로 특정 분야의 내용전문가인 교수자가 초보자인 학습자에게 강의를 통해 내용을 전달해준다. 학습자는 교수자가 설명해주는 학습내용을 수동적으로 인식하고 받아들인다. 이러한 패러다임에서는 교수자가 학습내용을 어떻게 구조화하여 학습자들에게 잘 설명해 줄 수 있는지에 대한 관점이 매우 중요하다. 반면에, 학습중심 패러다임은 단편적인 지식의 이해보다는 실생활의 문제를 해결하기 위해 이를 적용하고 활용하는데 초점을 맞춘다. 학습자들은 문제를 해결하기 위해 필요한 지식을 찾고, 분석하며 정리하여 공유하는 등의 능동적인 활동을 수행하게 된다.

이러한 맥락에서 이러닝 학습자의 역할은 인터넷 학습환경을 기반으로 여러 경로나 다양한 자료를 통해 학습주제나 문제에 대한 조사 및 분석할 수 있고, 도출된 결과를 동료 학습자들이나 교수자 혹은 외부의 특정 내용전문가들과 공유하는 등의 상호작용 활동을 하여 보다 다양한 해결대안을 찾고 검증하는데 초점을 맞추어야 한다.

이러닝 학습을 성공적으로 수행하기 위해서 학습자들은 능동적인 학습활동의 중요성을 인식해야 한다. 이에 따라 학습자들은 학습과정에 적극적으로 참여하여 궁금한 사항은 교수자에게 질의하며 관련 자료를 찾아보고 동료들과 다양한 의견교류 등의 활동을 수행할 필요가 있다.

2 이러닝 학습준비도의 특성

1) 이러닝 학습준비도의 필요성과 개념

사이버대학의 성인 학습자는 일반 오프라인 대학의 학습자와 다른 특성을 갖는 경향이 있다. 사이버대학의 학습자들은 연령, 사회적 계층, 학력, 직업 등의 인구학적 특성면에서 오프라인대학의 학습자들보다 다양하고 범위가 넓다(정봉영, 2004). 사이버대학에 재학 중인 대다수의 학습자는 일상적인 생업활동뿐만 아니라 가사활동에 참여하고 있으며, 연령도 30~40대가 주류를 이루고 있다. 또한, 이들의 학업에 대한 경험이나 성격적인 특성, 정보기술에 대한 태도, 학습에 대한 자신감 등이 매우 다양하다(김소희, 한정선, 2007). 상당수의 학습자는 10여년 이상 지속적인 정규학습과는 거리가 먼 학습공백 상태를 경험해 왔고, 인터넷 등과 같은 정보기술을 활용한 학습환경에 익숙하지 않아 두려움을 많이 느끼고 있다.

이와 같은 특성을 지닌 사이버대학 성인 학습자들은 학습과정에서 두 가지 어려움을 경험하게 된다. 즉, 교과 학습내용의 어려움에서 오는 부담과 인터넷을 기반으로 하는 이러닝 학습환경에 익숙하지 않아서 느끼는 부담감을 동시에 겪게 된다. 이로 인해 사이버대학 학습자의 상당수는 인지적 과부하(cognitive overload) 현상을 경험하거나(Nelson & Palumbo, 1992) 학습과정 참여의 어려움 등과 같이 학습전략을 효과적으로 활용하지 못하여 곤란해진다(유평준, 2003).

따라서, 사이버대학의 성인 학습자들은 이와 같은 학습내용, 학습환경 및 방법으로 인한 학습과정의 어려움을 해소하고 궁극적으로 자신들이 바라는 최적의 학습성과를 달성하기 위해서 이러닝 학습준비도(e-learning readiness)에 관심을 가질 필요가 있다. 이러닝을 통해 학습자가 스스로 학습을 성공적으로 수행하는데 필요한 학습자원이나 방법을 진단하여 부족한 부분을 보완하는 노력을 체계화하지 못했기 때문이다(박종선, 2008). 학습자들을 진단해보면, 어떤 학습자는 인터넷을 통해 강의실에 접속할 때 공인인증서 때문에 어려움을 느끼기도 하고, 일부 학습자는 스마트폰을 사용하여 강의콘텐츠를 활용할 때 문제가 있다고 호소하기도 한다.

표 5-1 이러닝 학습준비도 개념 및 구성요소

학 자	이러닝 학습준비도 개념 및 구성요소
박종선 (2008)	이러닝을 통한 학습은 교수자의 설명을 듣는 것뿐만이 아니라 교수자나 동료들과 다양한 상호작용을 수행하고, 학습내용을 이해하기 위해 자신의 특징 학습전략을 활용. 이러닝 학습준비도는 학습자들이 이러닝을 수행하는데 필요한 기술적인 준비도는 물론 온라인상의 커뮤니케이션과 학습 스킬에 대한 준비도를 포함
Watkins (2004a, b)	학습자들이 이러닝 학습환경에서 학습을 성공적으로 수행할 수 있는 준비가 어느 정도 되어 있는지를 의미
Watkins, Leigh, Triner(2004)	이러닝 준비도의 요소로 기술적인 스킬, 온라인 관계, 동기수준, 온라인 독해력, 온라인 비디오·오디오 활용능력, 인터넷 채팅능력, 온라인 토론능력, 온라인 집단활동, 온라인 수업의 활용 가능성 등을 고려
Hadjiathanasiou (2009)	이러닝 준비도는 ICT 활용능력과 같은 기술적인 준비도(technological readiness), 이러닝 환경 참여에 대한 자신감 같은 심리적 준비도(psychological readiness), 이러닝을 통해 학습효과를 높일 수 있는 교육적 준비도(pedagogical readiness) 등을 고려
Stone& Villachica (2003)	이러닝 준비도는 문화적인 요인, 조직의 경험 요인, 예산적인 요인, 학습자의 능력 요인, 기술적인 요인 등이 중요한 요소로 고려
So & Swatman (2006)	이러닝을 수행하기 위한 준비도 8가지 요소 제시. 학습자가 이러닝에 얼마나 열성적으로 참여할 지를 결정하는 심리학적인 준비도, 이러닝 프로그램이 활용될 환경에 대한 개인적인 이해 측면인 사회논리적 준비도, 조직 내·외부의 관련자들에 대한 이해를 담은 환경 준비도, 지원인력에 대한 활용 가능성을 파악하는 인적 준비도, 예산과 같은 학습비용에 대한 준비도, 측정 가능하고 관찰 가능한 기술적인 준비도, 적절한 장비와 시설에 대한 이해를 담은 장비 준비도, 학습 내용에 대한 이해를 사전에 인지하는 학습내용 준비도 등임

이와 같은 상황에서 학습자들이 이러닝 학습준비도에 관심을 갖고 자신의 이러닝 학습준비도를 향상시키려 노력한다면 실제 학습과정에서 양질의 성과를 거두는데 많은 도움이 될 것이다.

이러한 맥락에서 박종선(2010)은 사이버대학에서는 학습자들의 학업성취도를 향상시키기 위해 학습콘텐츠, 학습운영 및 관리에 더 많은 관심을 갖고 있기 때문에, 학습자들이 학습과정에서 겪는 어려움을 극복하도록 방법을 연구하거나 지원이 필요하다고 주장하였다. 그는 연구에서 사이버대학에 재학하거나 신·편입하는 학생들은 이러닝 학습환경에 잘 적응하고 최적의 상태로 학습을 수행하기 위해서 사전에 어떠한 내용에 관심을 갖고 준비해야 하는지를 인식하는 것이 필요하다고 제언하였다.

이러닝 학습준비도에 대한 개념 및 구성요소는 표 5-1과 같이 정리할 수 있다.

2) 이러닝 학습준비도의 연구결과

S사이버대학교 2008학년도 신·편입생을 대상으로 이러닝 학습준비도 조사를 실시하였다(박종선, 2008). 설문의 내용은 학습자를 위한 이러닝 학습준비도를 알아보기 위하여 기술, 자기주도학습, 온라인 관계형성, 온라인 읽기, 동영상 학습콘텐츠, 팀 프로젝트, 수업성공을 위한 요소 등의 7개 영역, 38문항으로 구성하였다. S사이버대학교 신·편입 학습자들의 이러닝준비도 조사결과는 영역별로 응답평균이 3.08~4.10까지 분포되어 있었다. 7개 영역에 대한 이러닝 준비도 평균은 표 5-2와 같이 3.68로 대다수의 신·편입 학습자가 보통 수준 이상의 역량과 인식을 갖고 있는 것으로 나타났다.

특히, 기술영역과 수업을 성공적으로 수행하기 위한 인식영역에서는 매우 우수한 수준인 것으로 분석되었다. 또한 이러닝 학습활동과 보다 밀접한 관계가 있는 자기주도학습, 온라인 관계형성, 온라인 읽기 및 동영상 콘텐츠에 대해서는 보통 수준인 것으로 나타났다. 그러나 팀 프로젝트 학습에 대한 반응은 다른 영역에 비해서 다소 미흡한 것으로 나타나 향후 개선이 필요함을 알

표 5-2 이러닝 학습준비도 조사결과

이러닝 학습준비도 영역	신입생 평균	편입생 평균	평 균	표준편차
기 술	4.00	4.13	4.07	0.85
자기주도학습	3.56	3.58	3.57	0.86
온라인 관계 형성	3.27	3.27	3.27	0.88
온라인 읽기	3.63	3.69	3.66	0.95
동영상 콘텐츠	4.00	3.97	3.99	0.83
팀 프로젝트	3.11	3.04	3.08	0.91
수업성공요소	4.11	4.08	4.10	0.74
전 체	3.67	3.68	3.68	0.86

수 있었다. 신입생들에 비해서 편입생들이 더 높은 스킬을 갖고 있고 수업활동에 더 잘 참여하고 있다는 것을 알 수 있었다. 이러한 결과는 향후에 편입생보다는 신입생들에게 이러닝 학습준비도에 대한 교육 및 안내가 필요하다는 의미이다.

이와 같은 이러닝 준비도 결과에 의하면 사이버대학의 신·편입생들을 위해서 학습이 시작되기 이전에 이러닝 학습활동에 관한 교육이 필요하고, 교육내용으로는 이러닝 준비도 조사에서 보통이나 미흡한 것으로 나타난 자기주도학습, 온라인 관계형성, 온라인 읽기, 팀 프로젝트 학습 등과 같은 학습공간에서의 상호작용 및 학습전략에 대한 내용이 고려되야 한다. 이를 위한 구체적인 방안으로는 신·편입생들의 학습이 시작되기 이전에 이러닝 학습의 특성과 학습전략에 대한 오리엔테이션 프로그램을 학교차원에서 실시하거나, 특정 교과를 통해 특정 시간 동안의 교육을 수행하는 것을 고려할 수 있다. 이러한 방안을 활용하면 사이버대학 신·편입생들이 낯선 이러닝 학습환경에 잘 적응하도록 도움을 줄 수 있다.

3 이러닝 학습준비도의 양식

이러닝 학습자의 학습준비도를 평가하기 위해 사용할 수 있는 체크리스트의 예는 다음과 같은 것들이 있다.

1) 왓킨스(Watkins)의 이러닝 학습자를 위한 준비도 양식

이러닝 학습자를 위한 준비도를 체크하기 위해 기술, 자기주도학습, 온라인 관계형성, 온라인 읽기, 동영상 학습자료, 팀 프로젝트 및 수업 성공을 위한 영역으로 구분하였고, 각 영역은 5점 척도(전혀 동의하지 않음에서부터 매우 동의함)를 사용하여 평정할 수 있도록 하였다(Watkins, 2003, pp.143-147).

(1) 기술(technology) 영역

1. 당신은 인터넷을 이용하여 학습활동을 수행하기 위해 필요한 컴퓨터 활용 기능(예: 자료검색, 파일 다운로드, 소프트웨어 설치 등)을 갖추고 있는가? ( )
2. 당신은 학습활동을 수행하는데 필요한 소프트웨어(예: 마이크로소프트 오피스, 한글, 어도비 아크로뱃 PDF 뷰어, 플래시 뷰어 등)를 갖추고 있는가? ( )
3. 당신이 사용하는 컴퓨터는 학습활동에 필요한 사양(예: 컴퓨터 메모리, 스피커, 하드디스크 등)을 충분히 갖추고 있는가? ( )
4. 당신이 사용하는 컴퓨터는 외부의 다양한 컴퓨터 바이러스의 침입을 방지할 수 있는 백신프로그램(예: 노턴, 안티바이러스, V3 등)을 갖추고 있는가? ( )
5. 당신은 필요한 파일을 인터넷을 이용하여 당신의 컴퓨터 하드 드라이브로 다운로드 할 수 있는가? ( )
6. 당신은 이메일의 문서첨부기능을 사용할 수 있는가? ( )

7. 당신은 수업에 참여하기 위해 일주일에 몇 회씩 컴퓨터를 사용하는 것이 익숙하다고 생각하는가? ( )

8. 당신은 이러닝 학습활동을 수행하는 과정에서 기술적인 도움이 필요할 때 지원을 받을 수 있는가? ( )

(2) 자기주도학습(self-directed learning) 영역

9. 수강하고 있는 온라인 과목들은 동기유발이 가능할 정도로 당신에게 유용한 지식과 기술을 충분히 제공하고 있다고 생각하는가? ( )

10. 당신은 학습활동에 필요한 시간을 일간·주간으로 충분하게 투여하고 있는가? ( )

11. 당신의 친구나 동료들은 당신이 선택한 학습과정을 성공적으로 완료할 수 있을 것으로 생각하고 있는가? ( )

12. 당신은 배운 것을 활용하겠다는 각오로 학습활동에 헌신할 수 있는가? ( )

13. 당신이 학습활동을 하는 동안에 지속적으로 동기를 유지할 수 있도록 도와주는 개인적인 지원체제를 갖추고 있는가? ( )

14. 당신은 다른 학생들이나 교수자에게 적절한 시간 안에 응답할 수 있도록 시간계획을 세울 수 있다고 생각하는가? ( )

15. 당신은 질문의 답변을 준비하기 위해 가끔씩 시간 소모가 많은 것을 좋아하는가? ( )

(3) 온라인 관계형성 영역

16. 당신은 온라인 기술(예: 이메일, 채팅 등)을 활용하여 다른 학생들과 효과적으로 상호작용할 수 있다고 생각하는가? ( )

17. 당신은 온라인 글쓰기를 통해서 자기 자신을 분명하게 표현(예: 분위기, 감정 및 유머 등)할 수 있다고 생각하는가? ( )

18. 당신은 학습자들이 온라인 토론이나 활동을 통해 서로에 대해 알게 되는 것을 부담스럽게 생각하지 않는가? ( )

19. 당신은 교수가 온라인에 접속하지 않은 상태라는 것을 알았을 때, 또 당신이 질문하거나 제시한 내용에 대해 즉각적인 피드백을 받지 못했을 때에도 신경쓰지 않고 지속적으로 의욕적인 학습참여를 유지할 수 있는가? (　　)

20. 당신은 동료학습자가 작성한 글이나 의견에 관해 자신의 의견을 답글로 남기는 것을 선호하는가? (　　)

21. 당신의 글, 의견, 과제물에 대해 개인적으로 친하지 않은 동료학습자로부터 호의적이지 않은 의견이나 답글을 받는 것을 선호하는가? (　　)

(4) 온라인 읽기 영역

22. 당신은 온라인으로 읽기에는 너무 길다고 생각되는 문서를 인쇄해서 읽는 것을 선호하는가? (　　)

23. 당신은 온라인 학습자료를 읽으면서 타이핑하는 것이 익숙하다고 생각하는가? (　　)

24. 당신은 컴퓨터로 글을 읽는 동안 어렵거나 문제가 되는 자료는 노트필기를 하는가? (　　)

25. 당신은 컴퓨터로 글을 읽는 동안 중요 내용에 대해서 정리하는가? (　　)

(5) 동영상 학습자료 영역

26. 당신은 동영상 강의를 보는 동안 노트필기를 해야 한다고 생각하는가? (　　)

27. 당신은 동영상 강의 파일의 내용과 웹기반의 여러 학습자료나 교안의 내용이 상호 연관되는 것이 중요하다고 생각하는가? (　　)

28. 당신은 동영상 강의를 하는 교수자들의 옷차림, 넥타이 등이 주별, 시간별로 달라도 강의내용만 좋다면 상관없다고 생각하는가? (　　)

29. 당신은 화면(프레임) 단위의 설명방식(예: 1~5분 이내의 음성이나 동영상)이 학습내용을 이해하는데 효과적인 방법이라고 생각하는가? (　　)

(6) 팀 프로젝트 영역

30. 당신은 온라인에서 여러 동료들과 팀을 이루어 학습활동을 하는 것을 선호하는가? ( )
31. 당신과 다른 학습 시간대를 갖고 있는 여러 학습자들과 함께 학습하는 것을 선호할 수 있는가? ( )
32. 당신은 온라인에서 팀 구성원인 동료학습자의 기여도에 따라 당신 성적의 일부가 결정된다면 이러한 방식을 선호하겠는가? ( )
33. 당신은 프로젝트 팀 구성원들의 질문에 대해 적절한 시간에 피드백을 줄 수 있도록 일정 계획을 작성할 수 있는가? ( )

(7) 수업 성공을 위한 요소 영역

34. 당신은 온라인 수업을 성공적으로 완료하기 위해서 교수자와의 일상적인 온라인 만남이 중요하다고 생각하는가? ( )
35. 당신은 온라인 수업을 성공적으로 완료하기 위해서 신속한 기술적, 행정적 지원이 중요하다고 생각하는가? ( )
36. 당신은 온라인 수업을 성공적으로 완료하기 위해서 학습과정에 빈번하게 참여하는 것이 중요하다고 생각하는가? ( )
37. 당신은 온라인 수업을 성공적으로 완료하기 위해서 온라인 기술(예: 이메일, 인터넷 채팅, 온라인 글읽기 등)에 대한 선행 경험이 중요하다고 생각하는가? ( )
38. 당신은 온라인 수업을 성공적으로 완료하기 위해서 수업의 학습자료(예: 교안 등)를 잘 활용할 수 있는 능력이 중요하다고 생각하는가? ( )

2) 시멘스 등(Siemens & Yurkiw)의 이러닝 학습자를 위한 준비도 양식

이러닝 학습자를 위한 준비도를 체크하기 위해 자기 인식도(self awareness) 조사문항을 제시하였다.

표 5-3 이러닝 학습자를 위한 준비도 조사 문항

질 문	점 수
• 당신은 새로운 기술(skills)을 배울 때 스스로 동기유발이 되는가?	Yes=1
• 당신은 스스로 훈련된 사람인가요?	Yes=1
• 당신이 이룰 수 있는 목표를 설정했나요?	Yes=1
• 당신은 과제를 완료하고 시험공부를 하는데 꾸물거리는 사람인가요?	Yes=1
• 당신은 채팅이나 메신저 프로그램을 사용하는데 익숙한가요?	Yes=1
• 당신은 이메일을 사용하는데 익숙한가요?	Yes=1
• 당신은 토론수업에 참여하는 경향이 있나요?	Yes=1
• 당신은 과제를 정시에 완료하거나 시험공부를 하기 위해 정규 수업시간을 '억지로' 끝낸 적이 있나요?	Yes=1
• 당신은 동료학습자들의 경험을 공유하는 과정을 통해서 배울 수 있나요?	Yes=1
• 당신은 교수자가 모든 답변을 제공하는 전문가가 되어야 한다고 생각하나요?	Yes=1
• 나는 혼자서 공부하는 것을 좋아한다.	Yes=1
• 나는 인터넷을 검색하고 새로운 정보를 탐구하는 기술을 즐긴다.	Yes=1
• 나는 시험일시나 과제물 마감일을 교수자가 알려주어야 인식한다.	Yes=1
• 나는 자신의 학습속도에 따라 스스로 학습하는 것을 즐긴다.	Yes=1
• 나는 스스로 계획을 세우는 것을 좋아한다.	Yes=1
• 나는 그룹과제물작성에 참여하는 것을 좋아한다.	Yes=1
• 나는 새로운 지식과 기술을 배우는 것을 좋아하는데, 온라인으로 수업이 진행된다는 것에 들떠 있다.	Yes=1
• 나는 온라인 수업이 효과적인 학습방법이라고 생각한다.	Yes=1

위와 같은 이러닝 학습에 관한 자기 인식을 조사한 후 자신의 점수를 합산하여 다음의 3가지 유형으로 평정할 수 있도록 하였다(Siemens & Yurkiw 2003, pp.126-127).

표 5-4 이러닝 학습자의 3가지 유형

점수합계	유 형
14~18	당신은 매우 의욕적이고, 온라인 학습에서 성공하는데 필요한 기술을 보유하고 있습니다. 당신은 온라인 학습을 통해 당신의 조직 및 계획, 기술을 잘 활용할 수 있는 것을 알 수 있습니다. 온라인 학습을 잘 즐기시기 바랍니다.
7~13	당신은 온라인 학습환경에서 잘해야 합니다. 동기부여, 조직력, 기획력은 온라인 학습에 성공하기 위한 가장 중요한 요소입니다. 만약에 당신이 수업 자료를 잘 사용하고, 과제제출 일정 등을 잘 지키려면, 온라인 수업에서 잘해야 합니다.
1~6	온라인 학습은 당신의 기술과 학습방법으로는 적합하지 않을 수도 있습니다. 그러나 당신이 좋은 학생이 될 수 없다는 의미는 아닙니다. 즉, 당신이 수업에서 요청하는 사항들을 정시에 완료하도록 집중하고 전념해야 된다는 의미입니다.

3) 왓킨스 등(Watkins, Leigh, Triner)의 이러닝 학습자를 위한 준비도 양식

이러닝 학습자를 위한 준비도를 체크하기 위한 요소를 기술적 접속, 온라인 기술 및 관계성, 동기, 온라인 오디오·비디오, 인터넷 토론, 온라인 학습에 대한 성공요소로 구분하여 제시하였다(Watkins, Leigh, & Triner, 2004, pp.78-79).

(1) 기술적(technology) 요소

1. 나는 인터넷이 연결되어 있는 컴퓨터에 접속이 가능하다.
2. 나는 새로운 기능(예: 충분한 램(RAM), 스피커, 시디롬 등)을 갖춘 컴퓨터에 접속이 가능하다.
3. 나는 적절한 소프트웨어(예: 마이크로소프트의 워드, 어도비 아크로뱃 등)를 갖추고 있는 컴퓨터에 접속이 가능하다

(2) 온라인 기술 및 관계형성(online skills and relationships) 요소

4. 나는 컴퓨터를 작동하기 위한 기본 기능(예: 파일 저장하기, 폴더 만들기 등)을 갖추고 있다.
5. 나는 인터넷 검색능력(예: 검색엔진을 사용할 수 있고, 패스워드를 입력할 수 있는 등)을 갖추고 있다.
6. 나는 이메일에 파일을 첨부하여 보낼 수 있다.
7. 나는 수업에 참여하기 위해 일주일에 몇 회씩 컴퓨터를 사용할 때에 익숙하다고 생각한다.
8. 나는 온라인 기술(예: 이메일, 채팅 등)을 사용하여 다른 사람들과 효과적으로 상호작용할 수 있다고 생각한다.
9. 나는 글쓰기를 통해서 내 자신을 분명하게 표현(예: 분위기, 감성 및 유머 등)할 수 있다고 생각한다.
10. 나는 다른 시간대에 수업에 참여하는 학생들과 함께 과제물을 수행하기 위해 온라인 툴(예: 이메일, 채팅 등)을 사용할 수 있다고 생각한다.

11. 나는 다른 학생들이나 교수자에게 적절한 시간 안에 응답할 수 있도록 시간계획을 잡을 수 있다고 생각한다.
12. 나는 질문을 하고 명확한 답변을 쓸 수 있다고 생각한다.

(3) 동기(motivation) 요소

13. 나는 교수자가 온라인에 계속 머무르지 않더라도 동기를 유지할 수 있다고 생각한다.
14. 나는 산만한 온라인 학습환경(예: 친구가 이메일을 보내거나 웹사이트를 검색하는 등)에서도 학습과제를 완수할 수 있다고 생각한다.
15. 나는 집안환경이 혼란스럽더라도(예: 텔레비전, 자녀들 등) 학습과제를 완수할 수 있다고 생각한다.

(4) 온라인 오디오 및 비디오(online audio/video) 요소

16. 나는 짧은 비디오 클립의 내용(예: 1~3분 이내)과 온라인이나 책에서 읽은 적이 있는 정보를 연결할 수 있다고 생각한다.
17. 나는 컴퓨터상에서 비디오 화면을 시청하는 동안 노트를 작성할 수 있다고 생각한다.
18. 나는 코스내용이 비디오 유형으로 제시될 때 코스와 관련된 정보를 이해할 수 있다고 생각한다.

(5) 인터넷 토론(internet discussions) 요소

19. 나는 인터넷(예: 인터넷 채팅, 인스턴트 메신저 등)을 사용하여 다른 사람들과 대화할 수 있다고 생각한다.
20. 나는 온라인 채팅이 진행되는 동안, 비록 모든 채팅에 참여하지는 않더라도 일부 토론에 참여하는 것이 불편하지 않다.
21. 나는 타이핑하면서 온라인 대화(예: 인터넷 채팅, 인스턴트 메신저 등)에 참여할 수 있다고 생각한다.

22. 나는 가끔씩 질문에 답변을 준비하기 위하여 많은 시간을 보내는 것을 좋아한다.

(6) 온라인 학습에 대한 성공(importance to your success) 요소

23. 교수자와의 일상적인 만남은 내가 온라인 코스워크(coursework)를 성공적으로 완료하기 위해서 중요하다.
24. 신속한 기술적, 행정적 지원은 내가 온라인 코스워크를 성공적으로 완료하기 위해서 중요하다.
25. 학습과정에 빈번하게 참여하는 것은 내가 온라인 코스워크를 성공적으로 완료하기 위해서 중요하다.
26. 온라인 기술(예: 이메일, 인터넷 채팅, 온라인 글읽기 등)에 대한 선행 경험은 내가 온라인 코스워크를 성공적으로 완료하기 위해서 중요하다고 생각한다.
27. 코스 학습자료를 즉각적으로 활용할 수 있는 능력은 내가 온라인 코스워크를 성공적으로 완료하기 위해서 중요하다.

Part 02

사이버대학의 학습활동

Chapter 6 사이버대학의 수업 구성요소

Chapter 7 사이버대학의 이러닝 학습활동

e-Learning

Chapter 6

사이버대학의 수업 구성요소

Chapter 6

사이버대학의 수업 구성요소

1 사이버대학 수업의 정의

사이버대학에서는 오프라인 수업과 달리 강의콘텐츠를 매개로 해서 수업활동이 전개되므로 강의콘텐츠를 수강하는 활동이 매우 중요하다. 사이버대학에서 진행되는 대다수의 수업은 사전에 개발된 강의콘텐츠를 통해서 학생들에게 학습내용을 전달하는 방식으로 전개되는 경향이 있기 때문이다. 그런데, 바로 여기에서 학생들이 수업에 대해서 잘못 생각하게 되는 오류가 발생할 수 있다.

사이버대학 학생들이 흔히 잘못 인식하고 있는 것 중의 하나가 수업에 대한 생각이다. 학생들은 수업을 강의콘텐츠를 수강하는 활동이라고 인식하여 출석과 시험성적만 중요한 요소로 생각하는 경우가 아주 많다. 수업은 강의콘텐츠를 통한 내용전달 뿐만이 아니라 내용과 관련된 질의응답, 온라인 토론, 과제물 제출, 팀 활동, 시험(중간고사, 기말시험), 퀴즈는 물론, 특정 교과의 경우 실험실습이나 견학 등과 같은 다양한 활동까지도 포함될 수 있다는 점을 주목해야 한다. 이에 따라 수업과정에서 진행되는 제반 교수-학습활동(질의응답, 온라인 토론, 과제물 제출, 팀 활동, 평가활동 등)이 수업의 범위에 포함되고 평가 시 성적에 반영되므로 어느 하나를 소홀히 해서는 안 된다.

용어정의 6-1

사이버대학의 수업

사이버대학에서 수업은 미리 제작한 강의 콘텐츠를 운영 플랫폼[학습운영시스템(강의실)]에 탑재하여 학생들이 원격으로 수강하는 것을 원칙으로 한다. 수업의 이수시간은 강의콘텐츠 수업분량과 질의응답, 온라인 토론 등 수업 관련 활동을 합한 개념이다(사이버대학 학사편람, pp.20–22).

수업을 진행하다보면, 어떤 학생들은 강의콘텐츠를 모두 수강했는데 왜 자신들의 학점이 생각보다 낮게 나왔는지 모르겠다고 불만을 제기하는 경우가 종종 있다. 이런 경우 확인을 해보면, 수업과정에서 진행되는 여러 학습활동을 소홀히 한 경우가 대부분이다. 즉, 수업과정에서 요구되는 온라인 토론참여, 과제물 제출, 퀴즈 풀이, 설문참여, 자유게시판 활동이나 학습자료실 등 게시판 활동참여 등의 활동을 하지 않은 경우가 대부분이다. 그 원인을 살펴보면, 수업과정에서 언제 그러한 활동이 진행되었는지 바빠서 몰랐거나, 혹은 알았더라도 언제까지 어떠한 활동을 해야 한다는 일정관리를 소홀히 한 경우에서 비롯된다. 특히, 사이버대학의 대다수 학생들은 직장이나 가정이 있는 경우가 많아서 자신의 일상생활에 몰두하다 보면 자칫 학습활동에 소홀해질 수밖에 없는 여건이기 때문이다.

그러나 이는 모두 수업에 대한 학생들의 잘못된 인식에서 비롯된 결과들이다. 사이버대학의 수업에는 강의콘텐츠를 수강하는 것만이 아니라 수강학기 동안 진행되는 제반 교수-학습활동(강의출석, 질의응답, 온라인 토론, 자료조사 및 분석, 과제물 작성 및 제출, 팀 활동참여, 시험 응시 등)이 모두 포함된다는 사실을 명확하게 인식하고 이에 대처해야 한다. 이와 관련된 근거는 다음의 고등교육법시행령에서 찾을 수 있다.

용어정의 6-2

수업의 정의 관련 근거

【고등교육법시행령】 제63조(수업의 운영) 원격대학의 수업운영은 방송·통신 등 정보통신매체를 이용한 원격강의, 출석수업, 실험실습, 교재에 의한 학습 및 과제물 지도 등의 방법으로 하되, 기타 수업 운영 및 학업성취도 평가 등에 관하여 필요한 사항은 학칙으로 정한다(개정 2008. 6. 5).

2 사이버대학 수업의 구성요소 분류

사이버대학의 수업은 대학의 학습관리시스템(LMS)에 개설된 온라인 강의실을 통해서 진행된다. 학생들은 온라인으로 강의실에 접속한 상태에서 수업계획서(강의계획서)의 일정계획에 따라 해당 주차의 학습콘텐츠를 수강하고, 해당 주차에서 요구하는 학습활동을 수행하게 된다. 즉, 해당 주차의 학습콘텐츠를 수강하는 과정이나 수강 후에 주차별로 요구되는 학습주제나 일정계획에 따라 토론활동에 참여하여 주제에 대한 자신의 의견을 개진하거나 동료들의 의견을 공유하고, 동료들의 의견에 답글(댓글)을 달기도 한다. 또한 수강 과정에서 학습내용에 대해 궁금한 사항을 강의상담 게시판(질의응답 게시판)을 통해 질문하고 교수자의 답변을 확인하기도 하며, 특정 과제를 작성하여 온라인 강의실의 해당 과제게시판에 제출(등록)하고 과제물 채점이 끝나면 자신이 제출한 과제의 점수와 피드백 내용을 확인할 수도 있다. 학생들은 온라인 강의실에서 교안이나 MP3 강의파일, 강의 관련 참고자료 등을 자신의 컴퓨터로 다운로드받아 학습을 하는 과정에서 활용할 수도 있다.

이와 같이 사이버대학의 수업은 온라인 강의실을 통해서 매우 다양한 활동이 수행되기 때문에 학생들은 수업과 관련된 구성요소에 대해 명확하게 인식하고 수업과정에서 이를 활용할 필요가 있다. 사이버대학 수업의 구성요소는 수업계획서(강의계획서), 학습콘텐츠(강의콘텐츠), 수업참여 활동(강의출석, 질의응답, 토론참여, 과제제출, 커뮤니티 활동, 시험응시 등)과 관리활동(출석관리, 학습활동관리, 성적관리 등)이 있다.

1) 수업계획서

수업계획서는 강의계획서, 온라인 강의계획서 등의 명칭으로 사용되며, 과목정보, 평가기준, 강의계획 등의 내용을 담고 있는 문서로 수업의 나침반 역할을 한다. 학생들은 수강신청 시점에서부터 수업을 참여하고 종료하는 시점에 이르기까지 온라인 강의실에서 수시로 수업계획서(강의계획서)의 내용을 조회하여 학습에 참조할 수 있다. 즉, 학생들은 과목의 평가기준이나 토론일정, 특정 주차의 학습진행 내용이나 자료, 방법 등을 알고 싶을 때 수업계획서를 통해 미리 확인할 수 있다는 의미이다. 모든 과목에서 진행되는 수업내용과 학습활동은 수업계획서에 제시되어 있는 학습내용, 방법, 기준, 일정 등을 근거로 운영하고 평가되기 때문이다. 따라서 수업계획서에는 일반적으로 다음의 표 6-1과 같은 내용이 포함된다.

표 6-1 수업계획서(강의계획서)의 구성 내용

구 분	구성 내용
과목정보	과목명, 학수번호, 이수구분, 학점, 학교강사 이름 및 연락처, 수업개요, 수업목표, 교재, 수업진행방법 및 특이사항 등
강의계획	주차별 강의 주제, 내용, 평가계획, 수업운영 방법 및 활동 등
평가기준	시험, 퀴즈, 과제, 토론, 팀 프로젝트, 출석, 참여도 등 성적 평가 항목과 반영비율 등

표 6-2는 수업계획서의 예시자료이다. 사이버대학 수업에서 수업계획서(강의계획서)는 수업을 위한 지침서로써 기능한다. 온라인 수업은 오프라인 수업과 달리 학습과정에 대한 제반 사항을 수업계획서를 통해 일차적으로 학생들에게 안내하기 때문이다. 즉, 학생들은 수업계획서를 통해 수업과정에서 다루는 학습내용에 대한 정보, 학생들에게 요구되는 수업활동(토론, 시험, 과제제출 등)에 관한 정보, 수업의 평가기준에 관한 정보 등을 알 수 있게 된다.

따라서 학생들은 수업에 참여하는 과정에서 수업의 주제나 학습활동, 일정 등에 궁금한 점이 있으면 무엇보다 수업계획서를 먼저 확인하는 것이 바람직하다. 그래도 궁금증이 해소되지 않을 때에는 교수자나 튜터(조교)에게 질의하거나 이메일 등을 통해 문의하여 해결해야 한다.

표 6-2 수업계획서(강의계획서)의 예시

<table>
<tr><td>과목명(국문)</td><td colspan="2">사이버학습의 이해</td><td>과목명(영문)</td><td colspan="2">Understanding of e-Learning Study</td></tr>
<tr><td>이수구분</td><td></td><td>수강적정인원</td><td>200명</td><td>학 점</td><td>1학점</td></tr>
<tr><td>관장학과</td><td colspan="5">교양학과</td></tr>
<tr><td>담당교수명</td><td colspan="2">김철수</td><td>연구실</td><td colspan="2">02-900-0000</td></tr>
<tr><td>핸드폰</td><td colspan="2">010-0000-0000</td><td>이메일</td><td colspan="2">0000@iscu.ac.kr</td></tr>
<tr><td>수업목표</td><td colspan="5">본 교과는 본교 신·편입생들을 대상으로 이러닝 학습환경의 특성을 이해하고, 이를 기반으로 학습과정에서 성공적인 학습을 수행할 수 있도록 다양한 학습전략을 지원하는데 그 목적이 있다. 이러한 목적을 달성하기 위한 본 과목의 교수-학습목표는 다음과 같다.
첫째, 학습자들은 본교에서 이러닝을 활용한 수업을 수행하기 위해 필요한 기본 지식과 방법을 습득할 수 있다.
둘째, 학습자들은 지식기반사회의 학습은 어떠한 특성이 있는지를 이해할 수 있다.
셋째, 학습자들은 이러닝 학습환경의 특성을 이해할 수 있다.
넷째, 학습자들은 다양한 이러닝 학습전략을 습득할 수 있다.</td></tr>
<tr><td>수업내용 개요</td><td colspan="5">본 교과는 본교에 입학하거나 편입하는 학생들을 대상으로 이러닝 학습환경의 특성을 이해하고, 이를 기반으로 전공 학습과정에서 성공적인 학습을 수행할 수 있는 다양한 학습전략을 지원하는데 그 목적이 있다. 이를 위해서 본 교과는 이러닝 기반의 수업을 위한 기본 지침과 이러닝 학습환경의 이해부분 및 이러닝 학습전략부분으로 내용을 구성한다.</td></tr>
<tr><td>교과목 수준</td><td colspan="5">본 교과는 개론 수준의 과정이며 이론에 대한 이해와 수업과정에 대한 참여를 중심으로 한 수업이다. 교양 필수 과목으로 이러닝에 대한 기초과정이므로 수준은 높지 않다. 그러나 새로운 지식을 배운다는 면에서 보면 학습자에 따라 다소 난해할 수도 있으며, 관련 영역에 대한 선행지식이 부족한 학습자들은 좀 더 세심한 접근이 필요하다.</td></tr>
<tr><td rowspan="2">주교재</td><td>교재명</td><td>저 자</td><td>출판사</td><td>발행년도</td><td>기 타</td></tr>
<tr><td>스마트 이러닝</td><td>박종선</td><td>교문사</td><td>2013</td><td>제1교재</td></tr>
<tr><td>참고자료</td><td colspan="5"></td></tr>
<tr><td>수업형태</td><td colspan="5">강의, 토론, 과제해결</td></tr>
<tr><td>수업방법</td><td colspan="5">이러닝콘텐츠수업</td></tr>
<tr><td>수업 운영전략</td><td colspan="5">• 학생들은 과목 공지사항을 반드시 숙지하고 학습에 임하도록 안내한다.
• 학생들은 예습과 복습을 철저히 하고 적극적으로 질문하도록 지도한다.
• 학습콘텐츠를 활용하여 기본적인 내용을 숙지하도록 한다.
• 학습내용의 이해와 함께 질의응답을 통해서 학생들이 내용을 충분히 이해하도록 지원한다.
• 자유게시판을 활용한 학생들과의 의견교류에 최대한 관심을 갖고 응대한다.
• 주제 토론게시판을 활용하여 학생들 간 토론학습방법을 익힐 수 있도록 지도한다.
• 과제, 주제토론, 질의응답, 자유게시 등을 통한 자기주도학습을 유도한다.</td></tr>
<tr><td>상호 작용방법</td><td colspan="5">본 교과에서는 교수-학생, 학생-학생, 학생-콘텐츠 내용 간 상호작용을 중심으로 수업이 전개된다.
교수-학생의 상호작용은 학습활동 공지, 질의응답, 주제토론, 퀴즈풀이, 자유로운 의견 게시 및 피드백, 학습자료 공유, 이메일 활용, 쪽지 활용 등을 통해 수행된다.
학생-학생의 상호작용은 자유게시 및 공유활동, 주제토론, 학습자료 공유, 이메일 활용, 쪽지 활용 등을 통해 수행된다.
학생-콘텐츠 내용의 상호작용은 내용학습, 문제풀이, 퀴즈풀이, 정리활동 등을 통해 수행된다.</td></tr>
<tr><td>기 타</td><td colspan="5"></td></tr>
<tr><td rowspan="9">평가방식</td><td>평가방식</td><td>평가비율</td><td>시행 계획주차</td><td colspan="2">비고(평가 내용, 방법 등)</td></tr>
<tr><td>출 석</td><td>10</td><td>1주~15주</td><td colspan="2">학습콘텐츠 진도율</td></tr>
<tr><td>중간고사</td><td>20</td><td>8주</td><td colspan="2">객관식, 단답식</td></tr>
<tr><td>기말고사</td><td>30</td><td>15주</td><td colspan="2">객관식, 단답식</td></tr>
<tr><td>과 제</td><td>20</td><td>9주~12주</td><td colspan="2">과제 1회</td></tr>
<tr><td>토 론</td><td>10</td><td>3~4주</td><td colspan="2">토론 1회</td></tr>
<tr><td>참여도</td><td>10</td><td>1~15주, 과목설문 5주~7주</td><td colspan="2">과목설문 1회, 학습 Q&A, 자유게시, 학습자료게시</td></tr>
<tr><td>팀프로젝트</td><td>0</td><td></td><td colspan="2"></td></tr>
<tr><td>수시시험</td><td>0</td><td></td><td colspan="2"></td></tr>
<tr><td>교과목 운영안내</td><td colspan="5">본 교과는 개론 수준의 과정이며 이론에 대한 이해와 수업과정에 대한 참여를 중심으로 한 수업이다. 교양 필수 과목으로 이러닝에 대한 기초과정이므로 수준은 높지 않다. 그러나 새로운 지식을 배운다는 면에서 보면 학습자에 따라 다소 난해할 수도 있으며, 관련 영역에 대한 선행지식이 부족한 학습자들은 좀 더 세심한 접근이 필요하다.</td></tr>
<tr><td rowspan="4">주차별 수업일정</td><td>주 차</td><td>주 제</td><td>내 용</td><td>주요활동</td><td>기 타</td></tr>
<tr><td>1</td><td>이러닝 학습에 대한 기본 이해</td><td>• 이러닝의 개념
• 서울사이버대학교 이러닝 학습환경에 대한 이해
• 서울사이버대학교 이러닝 수업 및 학습방법에 대한 이해</td><td>학습환경 (자유글 게시) 활용 활동 연습</td><td>평가요소 중 참여도에 반영</td></tr>
<tr><td>2</td><td>지식기반사회의 이러닝 학습</td><td>• 지식기반사회에서의 이러닝 학습의 역할
• 이러닝 학습환경과 전통적인 학습환경 비교</td><td>학습환경 활용 (질의응답) 활동</td><td>평가요소 중 참여도에 반영</td></tr>
<tr><td>3</td><td>이러닝 학습에 대한 오해와 진실</td><td>• 이러닝의 학습효과는 교실수업보다 못하다.
• 이러닝은 교실수업보다 비용이 많이 소요된다.
• 이러닝은 지식을 전달하는 유형의 교육에 적합하다.
• 이러닝은 기술적인 요소가 중요하다.
• 이러닝의 학습효과는 콘텐츠의 품질에 달려있다.</td><td>주제 토론 활동</td><td>평가에 반영</td></tr>
</table>

2) 강의콘텐츠

사이버대학에서의 수업은 온라인 강의콘텐츠를 활용하여 진행되는 것이 일반적이다. 강의콘텐츠는 사이버대학에서 수업이 진행되기 이전에 개발하여 주차별로 온라인 강의실을 통해 학생들에게 제공한다. 통상 강의콘텐츠는 학습 시작일 4주 전[1]까지는 개발을 완료하여 수업 운영에 차질을 초래하지 않도록 사전에 강의실에 등록되어 있어야 한다.

오프라인 수업은 학점당 50분의 수업시간이 정해져 있는데, 온라인 수업에서도 이를 규정하고 있다. 온라인 수업에서 여러 유형의 수업활동이 전개될 수 있지만, 현재 사이버대학의 수업에서 가장 많이 활용되는 동영상 설명식 강의형 콘텐츠의 경우 1학점 분량의 평균 진행시간이 최소 25분 이상으로 제작되어야 하며, 토론 수업의 경우는 25분 이하일 수도 있다. 강의콘텐츠는 과목의 특성에 따라 매 주차별로 개발되는데, 대학에 따라서 1강 내지 3강 등으로 구성할 수도 있고, 주차단위의 모듈로 개발할 수도 있다.

강의콘텐츠는 특성에 따라 매우 다양한 유형으로 구분할 수 있다. 강의콘텐츠를 개발할 때 사용하는 매체(media)의 특성에 따라 동영상 유형, 음성 유형, 웹 기반형, 플래시 기반형 등으로 구분하기도 하며, 수업에 활용되는 교수-학습 특성에 따라 강의형, 문제기반형, 사례기반형, 토론형, 협력학습형 등으로 다양하게 구분할 수도 있다.

사이버대학에서 일반적으로 가장 많이 활용되는 유형은 동영상 설명식 강의콘텐츠이다. 동영상 설명식 강의는 교수가 수업주제에 관한 내용을 설명식 방법으로 학생들에게 전달하는 것을 녹화한 유형으로 주로 기초적인 내용이해를 위한 수업에서 활용된다.

다음에 제시되는 그림 6-1은 S사이버대학에서 사용되는 동영상 강의형 콘텐츠의 예시 자료이다.

1 교육과학기술부에서 권장하는 강의콘텐츠 업로드 기간으로, 수업 시작일 4주 이전에 해당 주차의 강의콘텐츠 개발이 완료되어 학습관리시스템(LMS), 즉 강의실에 등록해야 한다.

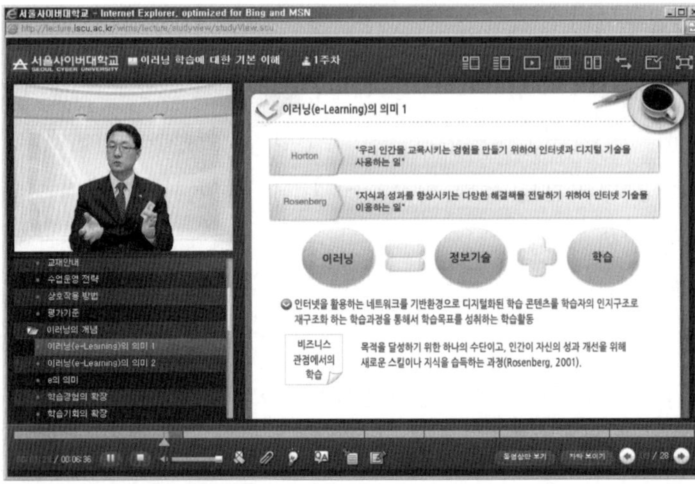

그림 6-1 S사이버대학의 동영상 강의형 콘텐츠 예시 화면

동영상 강의형 콘텐츠는 기능에 따라 구성요소를 구분할 수 있다. 교수자가 강의내용을 설명하는 영상화면과 교수자의 설명에 따라 화면에 내용을 제시하는 부분, 학습할 내용을 선정할 수 있는 학습목차와 원하는 학습화면으로 이동할 수 있는 이동버튼이 기본적인 구성요소이다. 그림 6-1의 예시 화면에서 교수자가 강의내용을 설명하는 영상화면은 왼쪽 상단에 제시되고 있으며, 설명하는 핵심내용은 화면의 우측 중앙부분에 제시되고 있다. 학습할 목차를 선택할 수 있는 학습목차는 화면의 좌측 하단에서 볼 수 있고, 학습자가 원하는 학습화면으로 이동할 수 있는 화면 이동버튼은 화면의 우측 하단에서 볼 수 있다. 강의형 콘텐츠는 이와 같은 기본 요소 외에도 학습활동과 관련된 여러 기능으로 구성되어 있다. 그림 6-1의 예시 화면에서는 학습자가 학습내용에 대한 북마크를 할 수 있는 북마크 기능, 메모 기능, 질의응답 기능 등이 화면의 하단에 제공되어 있다. 화면의 우측 상단에는 강의콘텐츠의 화면 구성을 변경할 수 있는 기능, 영상화면과 학습내용화면을 서로 교체하여 볼 수 있는 기능, 강의내용만 볼 수 있는 기능 등 학습자의 선호에 따라 강의콘텐츠의 화면구성을 변경하여 학습할 수 있는 기능이 제공되고 있다. 이와 같은 강의콘텐츠의 기능은 온라인 강의를 제공하는 대학이나 기관 등에 따라 다소 차이가 있을 수 있다.

사이버대학은 수강생 대상의 설문조사 등 방법을 사용하여 강의콘텐츠의 만족도와 품질 수준에 대한 평가를 실시하고 평가결과를 수강생에게 공개한 후 콘텐츠 개발 담당부서에서 참조할 수 있도록 하여 강의콘텐츠의 질 제고를 위해 노력해야 한다.

3) 수업참여 활동

사이버대학에서의 수업은 온라인으로 강의콘텐츠를 수강하고 다양한 수업활동에 참여하는 것을 전제로 한다. 대부분의 수업에서 강의콘텐츠를 수강하는 것만으로는 수업목표를 달성할 수 없기 때문에 학생들은 궁금한 사항은 교수자에게 질의하고 주제 토론에 참여하며, 과제를 작성하여 제출하는 등의 다양한 학습활동을 수행하게 된다.

사이버대학의 수업활동에 활용될 수 있는 학습활동은 수업에 활용되는 교수-학습활동에 따라 매우 다양하게 구분할 수 있다. 일반적으로 강의형 수업에서 활용되는 학습활동은 주제토론, 과제제출, 시험응시 등이 해당된다. 학생들은 한 학기 동안 학습하는 과정에서 강의콘텐츠를 수강하고 관련된 주제 토론에 참여하며, 과제를 작성하여 제출하고 중간과 기말에 시험에 응시하면 수강활동을 마무리할 수 있다.

문제기반학습형 수업에서는 학습활동이 강의형 수업과 다소 다르다. 학기 초에 학생들은 문제기반학습을 수행하기 위한 학습주제(문제)를 결정하는 활동을 수행하거나 또는 주어진 학습주제(문제)에 적합한 팀을 구성하고 주제해결을 위해 필요한 학습자원을 선정하고 조사하여 정리한 후 동료들과 정리된 자료를 공유하며 해결안을 찾는 학습활동을 수행한다. 이는 강의형 수업처럼 제공되는 강의콘텐츠를 수강하고 주제 토론에 참여하며 과제물을 작성하는 활동과 매우 다른 학습활동이 된다. 문제기반학습형 수업에서 학습자들은 교수자가 내용을 설명해주는 강의형 수업과 달리 학습자 스스로 또는 팀 동료들과 자료를 찾고 분석하여 정리하는 등의 학습활동을 수행해야 하기 때문에 무엇보다 자기주도 학습능력이 많이 요구된다. 이와 같이 학습자들의 수업참여 활동은 수업의 특성에 따라 다양하게 구성될 수 있다.

4) 수업관리 활동

사이버대학에서는 수업의 운영을 위해 각 과목별로 1인의 담당교수를 원칙으로 하되 교과의 특성상 필요하다고 판단되는 경우에는 2인 이상의 팀티칭 방법으로 수업을 운영할 수 있다. 1강좌당 수강 제한인원은 200명 내외이며, 수강생이 200명을 초과하는 대단위 수업의 경우에는 분반하여 강좌별로 담당교수를 두거나, 초과한 학생 수에 따라 적정 인원의 조교 또는 튜터를 확보하여야 한다. 일반적으로 1강좌의 수강생이 200명을 초과할 경우에는 분반하여 운영한다.

(1) 출석관리

사이버대학에서 학생 개인별 학사관리의 가장 기본이 되는 중요한 기준 중의 하나가 출석이다. 온라인 수업이므로 언제든지 학생이 수강하고 싶을 때 수강을 할 수는 있으나 정규 교과과정의 수업이라는 점을 감안하여 정해진 관리기준에 따라 출석을 관리해야 한다. 학업성적 평가 시 출결상황을 반영하고 있으므로 출결여부를 철저히 기록하고 학칙 등에 규정하여 관리한다. 이러한 이유로 모든 사이버대학에서는 출석인정기간, 방법 및 결석처리에 관하여 학칙 등 학사규정에 명확한 근거를 두는 등 제도적인 장치를 마련하고 있다.

사이버대학에서는 일정 기간 동안에 학생들로 하여금 일정한 분량 이상을 수강하는 것으로 출석을 인정하는 방식이다. 일반적으로 대학별 출석인정기준은 대체적으로 2주 혹은 3주 이내 소정의 학습 진도율을 반영하여 정한다. 또한 2주 이후에 수강을 하게 되는 경우 지각처리하거나 출석을 불인정 처리하는 대학도 있다.

출석인정기준과 함께, 본인이 아닌 타인이 대리 출석할 수 있는 가능성을 차단하는 장치를 마련해야 한다. 즉, 학습관리시스템(LMS)에서 규정에 따라 출석인정 또는 결석처리가 자동화되도록 하여 강의콘텐츠의 수강 여부를 확인할 수 있다. 이러한 맥락에서 학생 본인의 출석 여부를 확인하기 위하여 강의실 및 시험장에 입장 시 공인인증서의 사용을 원칙으로 한다. 다음의 표 6-3은 S 사이버대학에서 운영하고 있는 출석관리 방식의 예시이다.

표 6-3 S사이버대학의 출석관리 예시

구 분	상세 내용
출석인정기간	• 원격 수업의 출석인정기간은 해당 주차의 수업 개시 후 15일 이내로 한다. 다만, 실험·실습과목의 출석인정기간은 예외로 한다. • 출석인정기간에 해당 수업을 수강할 경우 출석을 인정하며 출석점수를 100% 부여한다. • 출석인정기간을 지나 해당 수업을 최초로 수강할 경우 지각으로 처리하며 출석점수는 50%만 인정한다.
출석인정기준	• 본 대학교의 원격 수업 출석인정기준은 주차별로 한다. • 출석인정을 위해서는 각 교시별 콘텐츠의 진행시간을 모두 수강하는 것을 원칙으로 한다. • 수강 도중에 중지하고 다시 수강할 경우 나머지 진행시간을 더 수강하여야 출석으로 인정한다.
출석점수산출	• 본 대학교의 원격 수업의 출석점수 산출 단위는 교시별로 한다. • 각 교시별 출석 점수는 출석평가점수를 총 교시수로 나누어 1교시 당 출석점수를 환산한다. • 출석인정기간 내에 해당 콘텐츠를 기준 이상 수강하면 해당 교시별 출석점수가 부여된다.
출석기준 미달자 처리	총 수업 분량의 3/4 미만을 수강한 학생에게는 다른 평가항목의 점수와 상관없이 학점이 부여되지 아니한다. 다만, 실험·실습과목의 경우는 예외로 한다.

(2) 성적관리

사이버대학에서 성적 평가는 인터넷 등 통신에 의한 학업성취도 평가를 원칙으로 사용한다. 성적 평가 기준은 시험, 퀴즈, 과제, 토론, 팀프로젝트, 출석, 참여도 등을 활용할 수 있다. 공정하고 객관적인 학업성취도 평가를 위해서 평가 시작시간, 종료시간, IP주소 등의 평가근거는 시스템에 저장하여 해당 학생의 졸업 후 4년까지 보관해야 한다. 과제물 등은 온라인 강의실(학습운영시스템)의 과제함에 제출하는 것이 원칙이며 개인 이메일을 사용한 과제물 제출 등은 가급적 지양하는 것이 바람직하다.

사이버대학에서는 일반적으로 다음과 같은 평가 항목을 활용하는데, 이 가운데 출석은 필수이며 그 외의 항목은 대학에 따라 다양한 기준을 가지고 활용할 수 있다. 다음의 표 6-4는 S사이버대학에서 운영하고 있는 성적관리 방식의 예시이다.

표 6-4 S사이버대학의 성적관리 예시

평가 항목	상세 내용
출 석	강의 수강 진행 정도를 주차별로 표시
정규시험	• 중간고사는 수업일수 8주차에 시행하는 정기시험 • 기말고사는 수업일수 15주차에 시행하는 정기시험
수시시험	각 콘텐츠 수강 후 실시되는 (비)정기적인 형태의 간단한 시험으로 과목에 따라 성적 반영여부는 다름
과 제	평가를 위해 부과하는 보고서, 에세이 등의 자료
토 론	수업 중 부과되는 주제에 대한 학생들의 의견 자료
참여도	수업 진행 중 학생들의 진행 참여 정도
팀프로젝트	수강 학생을 몇 개의 팀으로 구성하여 부과되는 그룹 과제
추가 시험 및 대체 과제	정기시험 미응시자를 대상으로 부과되는 시험 또는 과제
실 기	주어진 과제를 직접 제작, 작성하여 제출하는 형태의 과제

예를 들면, S사이버대학의 경우는 출석 및 참여도는 반드시 평가 기준으로 채택하는 것을 원칙으로 하며, 과목에 따라 다소 차이는 있으나 최소한 4개 이상의 평가 항목을 사용한다. 각 평가 항목은 최대 30% 이상을 반영할 수 없도록 되어 있다. 또한, 모든 평가는 온라인 강의실(학습관리시스템)상에서 이루어져야 하며 교수자 개인 이메일 등으로 접수된 평가 근거 자료는 반드시 온라인 강의실(학습관리시스템)에 통합 보관하여 관리해야 한다.

(3) 시험관리

사이버대학에서의 시험은 대부분 온라인상에서 이루어지는 점을 감안하여 시험 부정행위 방지대책을 마련하고, 결시자 처리, 추가시험 등을 실시할 수 있는 제도적 장치가 필요하다. 또한, 본인이 아닌 타인이 대리시험을 치를 수 있는 가능성을 차단하는 장치를 마련해야 하며, 퀴즈, 시험 등의 평가가 학습관리시스템(LMS) 내에서 연동 처리될 수 있어야 한다.

사이버대학에서는 중간고사와 기말고사로 구분하여 정기시험이 실시된다. 과목에 따라 교수자의 재량에 따라 중간고사 및 기말고사 중 1회의 시험은 과제 등으로 대체할 수도 있다. 시험에 대한 공지는 수업계획서(강의계획서)는 물론 강의실의 과목공지를 통해 사전에 공지하는 것이 일반적인 방법이다.

시험의 방식은 일반적으로 동시시험과 비동시시험으로 구분되며, 시험 문제의 종류는 객관식, 단답식, 서술식 등을 활용할 수 있다. 객관식은 O/X형, T/F형, 4지선다형, 5지선다형, 다중응답형, 단답형 등으로 구성된 문제를 의미하며, 주관식은 주어진 문제에 대하여 직접 논리적인 서술형으로 답을 작성하는 형태를 의미한다. 다음 표 6-5는 S사이버대학에서 운영하고 있는 시험관리 방식의 예시이다.

표 6-5 S사이버대학의 시험관리 예시

시험 방식	상세 내용
동시시험	• 수강생이 모두 정해진 특정 시간에 인터넷으로 접속하여 시험에 응시하는 방식으로 과목별로 주어진 시간만큼 실시 • 주어진 시험 시간 내에서 횟수에 제한 없이 재접속이 가능하나, 시간이 종료되면 자동으로 시험 종료 • 난이도가 같은 여러 유형의 문제를 출제하여 활용하는 것이 바람직함
비동시시험	• 주어진 접속 가능시간 내에서 편리한 시간에 인터넷으로 접속하여 시험에 응시하는 것 • 난이도가 같은 여러 유형의 문제를 출제하여 활용하는 것이 바람직함

특히, 동시시험의 경우는 사이버대학의 대다수 학생이 직업인이기 때문에 수강생이 모두 똑같은 시간에 시험에 응시하는 데 다소 어려움이 있다는 점을 감안할 필요가 있다.

e-Learning

Chapter 7

사이버대학의 이러닝 학습활동

Chapter 7

사이버대학의 이러닝 학습활동

1 이러닝 학습활동의 특성

1) 학습활동의 중요성

수업에서 학습자들의 유의미한 학습경험은 학습목표 달성에 도움이 되며, 이는 학습활동 참여를 통해서 극대화 될 수 있다. 이러닝 수업과정에서 학습활동은 학습목표 달성을 위해 필수 불가결한 요소로 활용된다. 강의콘텐츠를 수강하는 활동만으로는 학습목표를 충분히 달성하기 어렵기 때문이다. 대다수의 이러닝 수업의 평가기준에 학습활동과 관련된 요소(예: 토론, 과제, 질의응답, 퀴즈 등)가 반영되어 있다는 것이 그 증거이다. 이러닝 수업의 평가기준을 보면 강의출석과 시험성적 외에도 토론참여, 과제제출, 질의응답 및 게시판참여 등과 같은 학습활동이 주요한 평가기준으로 활용되고 있음을 알 수 있다.

이러한 사실에 따르면, 이러닝 수업에서 학습자들의 유의미한 학습경험을 극대화하기 위한 학습활동은 매우 중요하며, 학습을 설계하는 과정에서 필수적으로 고려해야 할 요소로 인식할 필요가 있다. 이러닝 수업에서 학습자들의 참여활동이 포함될 때 학습효과에 도움이 된다는 것은 모두 인식하고 있지만 이러한 아이디어를 어떻게 개발하고 수업과 통합할 수 있는지에 대한 상세한 아이디어는 잘 인식하고 있지 못하기 때문이다(Watkins, 2005). 이와 같은 맥락에서, 학습자들의 유의미한 학습경험을 위해 참여를 기반으로 상호작용이 활성화된 수업을 전개하기 위한 창의적이고 풍부한 아이디어는 매우 중요하다(박종선, 2009). 그러나 우리가 온라인 수업을 설계하고 학습콘텐츠를 개발하며 이를 활용한 교수-학습활동을 수행하기 위해 창의적인 아이디어를 항상 생각해내는 것은 매우 어려운 일이라고 지적하고 있다.

2) 이러닝 학습활동의 구분

이러닝 수업에서 수업목표 달성을 위한 유의미한 학습경험은 학습활동을 통해서 구체화 된다. 학습자들은 강의실에 접속하여 과목공지 내용을 조회하고 강의콘텐츠를 수강하는 활동에서부터 궁금한 학습내용에 대해 질의하고 주제토론에 참여하며 과제를 수행하는 등의 활동에 이르기까지 매우 다양한 학습활동을 수행하게 된다. 이와 같은 학습활동은 학습자들의 학습과정에 참여를 촉진하는 것은 물론 학습목표를 달성하는데 중요한 역할을 하게 된다. 이러닝 수업에서 학습목표를 달성하기 위해서는 교수자의 내용설명을 듣는 활동과 함께 질의응답, 자료분석 및 정리, 토론참여, 과제수행, 동료들과의 의견 교류 등의 학습활동이 필수적으로 요구된다. 따라서 이러닝 학습에 성공하기 위해서 학습자들은 이와 같은 다양한 학습활동에 적극적으로 참여하는 것을 주저하지 말아야 한다. 강의콘텐츠를 통한 내용습득에만 치중해서는 학습목표를 충분히 달성하기 어렵기 때문이다.

이러닝 수업에서는 학습활동을 학습참여에 요구되는 시간적인 특성을 기준으로 실시간 활동과 비실시간 활동으로 구분할 수 있다. 실시간 학습활동은 사전에 특정 시간을 정해두고 학습자들이 정해진 시간에 자신들이 원하는 학습장소에서 학습에 참여하는 형태이다. 인터넷 환경에서 특정 시간을 정해두고 정시에 모든 학습자들이 참여하는 세미나의 일종인 웨비나(webinar)를 들 수 있다. 정해진 학습시간에 학습자들이 참여하여 발표자의 주제발표를 듣고 질의응답 등의 활동을 통해 학습을 수행하는 방식이다. 이와 같은 실시간 학습활동은 정해진 시간에 모든 학습자들이 참여해야 하는 단점을 갖고 있기 때문에 자주 사용하기는 쉽지 않은 방법이다. 비실시간 학습활동은 일반적으로 이러닝 수업에서 활용하고 있는 방식이다. 학습자들이 자신이 원하는 시간과 장소에서 개설되어 있는 강의콘텐츠에 접속하여 수강하고 과목상담게시판을 활용하여 질의응답하며, 학습자료실을 활용하여 필요한 자료를 공유하고 자유게시판을 통해 동료들과 자유롭게 의견교환을 하는 등의 활동을 수행하는 것이 일반적인 형태이다. 비실시간 학습활동은 시간과 장소에 제한을 받지 않기 때문에 이러닝 수업에서 가장 보편적으로 활용된다. 비실시간 학습활동에서는 학습자들의 참여를 촉진하는 것이 매우 중요하다. 학습자들의 참여를 통해서 질의응답, 토론, 자료공유 등의 학습활동이 수행될 수 있기 때문이다.

2 이러닝 학습활동의 형태

1) 온라인 공지사항

온라인 공지사항은 이러닝 학습활동을 위한 실질적인 안내자의 역할을 수행한다. 이러닝 수업은 온라인상에서 모든 학습활동이 전개되기 때문에 학습자들에게 수업활동 전반에 관한 상세한 안내를 제공할 필요가 있다. 수업계획서를 통해 수업 전반에 관한 목표와 수업계획을 알려주지만 매주 전개되는 세부 수업활동에 대해서는 별도의 안내방안이 필요하기 때문이다. 온라인 수업은 오프라인 수업과 달리 학생들에게 수업에 대한 제반 공지내용을 별도로 제공하지 않으면 어떻게 학습활동을 수행해야 하는지 잘 알 수 없기 때문이기도 하다. 따라서 이러닝 수업에서는 강의실의 과목공지 기능을 통해 학생들에게 수업에 관한 제반 안내사항을 알려주는 것이 일반적인 방안이다. 특히, 시험응시, 주제 토론참여, 과제를 제출하기 위한 일정이나 방법 등에 대한 안내는 이러닝 수업의 운영과정에서 매우 주요한 기능을 한다. 이러한 안내기능을 통해 학습자들의 참여가 이루어질 수 있기 때문이다.

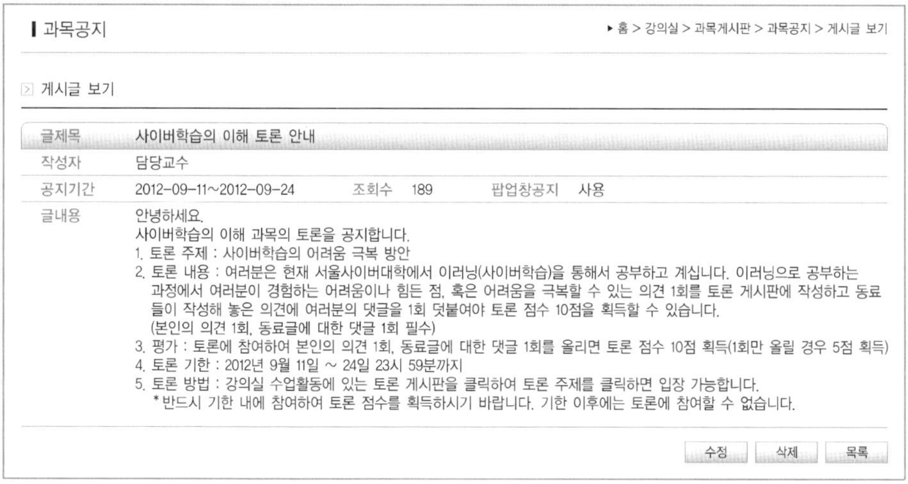
▌과목공지

▸ 홈 > 강의실 > 과목게시판 > 과목공지 > 게시글 보기

게시글 보기

글제목	사이버학습의 이해 토론 안내
작성자	담당교수
공지기간	2012-09-11~2012-09-24 조회수 189 팝업창공지 사용
글내용	안녕하세요. 사이버학습의 이해 과목의 토론을 공지합니다. 1. 토론 주제 : 사이버학습의 어려움 극복 방안 2. 토론 내용 : 여러분은 현재 서울사이버대학에서 이러닝(사이버학습)을 통해서 공부하고 계십니다. 이러닝으로 공부하는 과정에서 여러분이 경험하는 어려움이나 힘든 점, 혹은 어려움을 극복할 수 있는 의견 1회를 토론 게시판에 작성하고 동료들이 작성해 놓은 의견에 여러분의 댓글을 1회 덧붙여야 토론 점수 10점을 획득할 수 있습니다. (본인의 의견 1회, 동료글에 대한 댓글 1회 필수) 3. 평가 : 토론에 참여하여 본인의 의견 1회, 동료글에 대한 댓글 1회를 올리면 토론 점수 10점 획득(1회만 올릴 경우 5점 획득) 4. 토론 기한 : 2012년 9월 11일 ~ 24일 23시 59분까지 5. 토론 방법 : 강의실 수업활동에 있는 토론 게시판을 클릭하여 토론 주제를 클릭하면 입장 가능합니다. *반드시 기한 내에 참여하여 토론 점수를 획득하시기 바랍니다. 기한 이후에는 토론에 참여할 수 없습니다.

수정 삭제 목록

그림 7-1 온라인 토론에 대한 과목공지 예시자료

각 과목의 온라인 공지는 시험, 토론, 과제, 설문 등에 대한 일정과 방법은 물론 수업을 진행하는 과정에서 발생될 수 있는 제반 안내사항 등이 제공된다. 이와 같은 온라인 공지는 특정 활동이 전개되기 이전에 학생들에게 제공되어야 하며 해당 활동이 끝나는 시점까지 공지할 필요가 있다. 예를 들면, 온라인 토론에 대한 공지의 경우, 토론 주제와 방법, 일시, 평가기준, 반영점수 등이 제공되어야 한다. 그림 7-1은 온라인 토론에 대한 과목공지의 예시자료이다.

학생들의 경우에 온라인 공지사항에 대한 확인 및 관리는 매우 주요하다. 이러닝 수업에서 전개되는 제반 학습활동이 과목공지와 같이 온라인 공지사항을 통해서 안내되고 시행되기 때문이다. 따라서 학생들은 온라인 공지사항을 반드시 확인하고 해당 학습활동(예: 온라인 주제토론)이 언제부터 언제까지 시행되는지, 주제는 무엇인지, 어떤 방식(예: 개별토론, 그룹토론 등)으로 토론활동에 참여해야 하는지, 평가기준(예: 양적 평가와 질적 평가)은 무엇인지 등을 확인하고 토론을 준비하고 참여해야 한다. 특히, 토론활동에 대한 공지사항을 확인한 후에 이를 관리하지 않으면 실제 참여활동으로 연계되지 않을 수도 있다는 점을 명심해야 한다. 대다수의 학생들은 직업이 있거나 다른 사회활동에 참여하고 있기 때문에 자칫하면 확인한 학습활동에 대한 안내를 잊어버리는 경우가 많기 때문이다. 온라인 공지사항을 확인하고 학습자들의 참여를 전제로 하

는 학습활동이 요구된다면 이에 대한 일정 등을 관리하는 활동에까지 신경을 쓸 필요가 있다.

온라인 공지사항에 대한 학생들의 의견 및 반응은 다음과 같다.

온라인 공지사항 개선 방안

- 온라인 공지사항을 통해 퀴즈나 토론활동 등을 성실하게 확인하는 것은 학습자의 학습 의지를 높이는 방법이다.
- 과제 및 다양한 학습 관련 공지 사항에 대해 알리는 과제공지 방법을 통일시킨다면 불이익을 받는 학습자가 발생하지 않을 것이라고 생각한다.

2) 온라인 질의응답

온라인 질의응답은 이러닝 학습과정에서 교수자와 학습자의 상호작용이 실제적으로 이루어지는 매우 주요한 학습활동이다. 온라인 질의응답을 통해서 학습자는 학습내용이나 학습방법 등 학습활동에 관한 제반 궁금한 사항을 문의할 수 있고, 교수자는 학습자의 요구에 대한 적절한 응답을 제공해야 한다. 온라인 질의응답이 얼마나 신속하고 정확하게 이루어지는지에 따라 수업의 만족도에 영향을 미치기 때문이다. 학습자의 경우, 온라인 질의를 통해서 자신이 궁금한 학습내용이나 방법, 학습활동 등에 대한 제반 사항을 교수자에게 표현할 수 있고, 교수자의 응답을 통해서 자신이 궁금하던 사항들을 해소할 수 있다. 이런 맥락에서 교수자는 학습자의 질의에 대해 즉각적으로 정확하게 답변할 필요가 있다. 일반적으로 이러닝 수업과정에서 학습자의 질의에 24시간 이내에 답변해 주는 것이 가장 효과적이며, 만약 24시간 이내에 답변하기 곤란할 경우 언제까지 답변이 가능한지를 알려줄 필요가 있다. 이러한 활동을 통해서 교수자와 학습자의 수업활동에 대한 신뢰가 형성되기 때문이다. 다음의 그림 7-2, 7-3, 7-4는 온라인 질의응답에 대한 예시 자료이다. 그림 7-2는 학습내용에 대한 질의응답 예시 자료이고, 그림 7-3은 강의콘텐츠 활용방법에 대한 질의응답 예시 자료이며, 그림 7-4는 학습방법에 대한 질의응답 예시 자료이다.

❙ 강의상담 ▸ 홈 > 강의실 > 과목게시판 > 강의상담 > 게시글 보기

게시글 보기

글제목	[Re] 교수중심의 학습패러다임 질의입니다.
비밀글	
작성자	담당교수
조회수	19
글내용	산업사회는 지식의 습득이 중요한 목적이 되는 사회였기 때문에 교수중심의 학습시스템이 맞습니다. 현대와 같은 지식정보사회에서는 지식의 습득도 중요하겠지만 습득보다는 활용이 더 중요하기 때문에 학습중심의 패러다임이 적합합니다. 내용을 잘 확인해 보세요. ---------- 원본글 ---------- 작성자 : 이태일(11204764) 작성일자 : 2012-09-04 20:41 제목 : 교수중심의 학습패러다임 질의입니다. 2주차 강의 잘 수강했습니다. 학습평가에서 교수자 중심의 학습시스템이 산업사회에 적합한 시스템으로 되어 있습니다. 제한적인 기술과 지식의 습득차원에서 산업사회에 적합한 것인지 아니면 산업사회의 교육 특성인지 궁금합니다.

수정 삭제 목록

그림 7-2 학습내용에 대한 질의응답 예시 자료

게시글 보기

글제목	[Re] 2주차 강의 볼륨조정 요청 및 동영상 끊김 현상
비밀글	
작성자	관리자
조회수	7
글내용	학우님 콘텐츠 확인해보니 1주차와 2주차의 음향이 차이가 있는 것으로 보입니다. 음향 크기 조절이 가능한지 영상팀에 문의해보고 수정 가능하면 수정하도록 하겠습니다. 일단 강의수강 시 스피커, 컴퓨터 사운드, 콘텐츠 내 볼륨을 조정해서 학습진행 하시기 바랍니다. 콘텐츠 확인 결과 영상 끊김 현상은 발생하지 않습니다. 사용하시는 PC의 사양, 인터넷 문제로 발생하는 것으로 보입니다. 일단 900-5000번으로 연락주시면 원격지원을 통해 어떤 부분이 문제인지 확인해보고 PC설정을 변경해 드리도록 하겠습니다. ---------- 원본글 ---------- 작성자 : 이해근(11204647) 작성일자 · 2012-00 03 20:41 제목 : 2주차 강의 볼륨조정 요청 및 동영상 끊김 현상 교수님 수고가 많으십니다. 저는 이번에 신입생으로 입학했습니다. 1주차에는 강의 소리도 적당했는데 2주차는 이상하네요. 헤드폰을 끼고 강의를 듣는데 볼륨이 너무 작습니다. 컴퓨터 볼륨을 최대 음량으로 해도 소리가 작습니다. 그리고 동영상 끊김 현상이 있습니다.

수정 삭제 목록

그림 7-3 강의콘텐츠 활용방법에 대한 질의응답 예시 자료

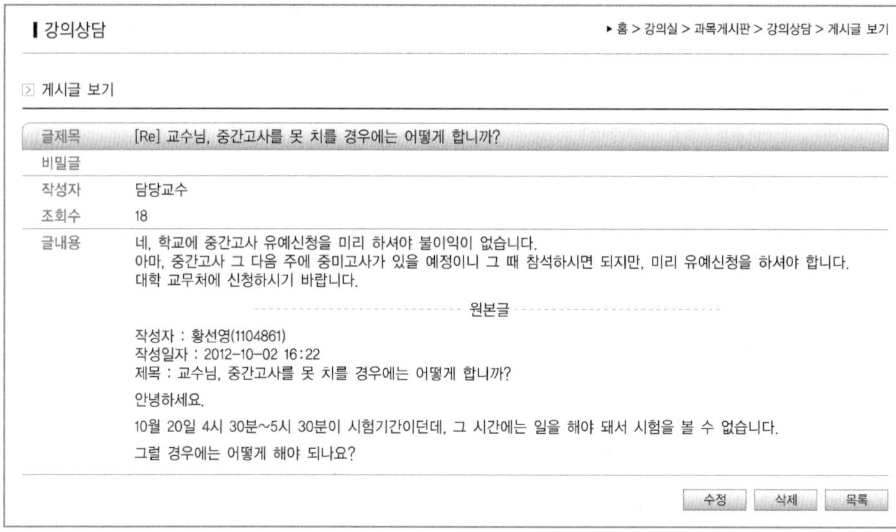

그림 7-4 학습방법에 대한 질의응답 예시 자료

표 7-1 온라인 질의응답을 위한 고려사항

구분	고려사항
질문의 명료성	온라인 질문은 명료해야 함. 질문하는 사람의 의도가 분명하게 드러날 수 있도록 질문을 구성해야 함. 질문을 할 때 필요하다면 왜 질문을 하는지에 대한 배경이나 의도를 함께 제시하면 보다 명확한 답변을 들을 수 있음
답지의 다양성	온라인 질의응답의 효과를 높이려면 동일 질문에 대해 여러 사람의 응답자를 고려해야 함. 특정 질문에 대한 답변이 교수자뿐만 아니라 조교나 온라인 튜터, 심지어 동료학습자들까지 답변한다고 고려하면 그만큼 답변의 객관성이나 명확성이 높아질 수 있다는 장점이 있음
답변의 신속성	온라인 질문에 대한 답변은 가능하면 24시간 이내에 이루어져야 함. 아무리 늦어도 질문이 제기된 이후에 48시간 이내에는 명확한 답변이 되어야 함. 만약, 24~48시간 이내에 답변이 이루어지기 어려운 경우라면 질문이 제기된 이후에 곧바로 언제까지 답변을 하겠다는 것을 분명하게 공지해야 함. 답변이 늦어진다면 교수자와 학습자간의 신뢰를 저해하는 중요한 요인이 될 수 있음
관리의 효율성	온라인 질의응답의 효율성을 향상시키기 위한 전략으로 온라인 질문에 대한 데이터베이스를 구성하는 방법이 있음. 질문을 할 때 영역, 난이도, 핵심어, 유사질문이나 내용에 대한 카테고리를 설정하여 질문자가 질문을 할 때마다 각각을 체크하고 응답자가 이러한 분류를 고려하여 답변한 후 내용을 데이터베이스로 구축하여 활용하는 방법

온라인 질의응답은 이러닝 학습과정에서 가장 빈번하게 이루어지는 교수자와 학습자의 커뮤니케이션 활동의 하나이다. 온라인 질의응답을 위해 표 7-1과 같이 4가지 요소를 제시하고 있다(박종선, 2009).

온라인 질의응답은 이러닝 학습과정에서 강의상담이나 질의응답 게시판을 통해 주로 활용되고 있으며, 학습자들의 참여를 촉진하기 위해 별도의 점수를 부여하는 등의 방안을 활용할 수 있다. 즉, 학습과정에서 질문을 많이 제기한 학습자들에게 참여점수를 부여하는 등의 인센티브를 부여하면 학습자들의 참여를 조장할 수 있다.

다음은 온라인 질의응답을 활성화하는데 도움이 될 수 있는 학생들의 의견 및 반응을 정리한 내용이다.

온라인 질의응답 활성화 방안

- 온라인 질의응답은 답변시간이 느린 경우에는 학습을 하면서 궁금증을 즉시 해소하는 것이 불가능하다.
- 강의실을 관리하고 있다는 느낌을 받는 정도의 형식적인 대답은 학습의욕을 저해한다.
- 학습자들이 게시판에 올린 궁금증을 교수자들이 강의 내용에 포함시킨다면 효율적일 것이라고 생각한다.
- 온라인 학습환경에서는 실시간 커뮤니케이션이 이루어지지 않기 때문에 게시판 등에 올라온 질문에 대해 교수자가 가급적이면 즉각적으로 답변해 주는 것이 필요하며, 이를 위한 장치를 마련하는 것도 좋은 방법이라고 생각한다.
- 일정 시간 단위별로 강의에 대해 요약 및 정리하는 시간을 갖고 집중적인 질의응답 시간을 갖는 것도 좋은 방법이라고 생각한다.
- 질의응답을 하는 학습자들에게 인센티브를 주고, 좋은 질의응답 내용은 게시판 등에 올려 공유하면 좋겠다.
- 질문을 하는 과정에서 학습자 간의 기본 예의를 지킬 수 있도록 장려하고, 실명을 통해 질의응답이 보다 신중해 질 수 있도록 유도해야 한다. 또한 질의응답을 활성화하기 위하여 질의응답 내용을 간결하고 명확하게 표현할 수 있도록 해야 한다.
- 온라인 질의응답을 활성화하기 위해 질의응답 게시판을 적극 활용할 수 있는 분위기를 조성하고 학교, 교수님과 학우 간에도 더욱 공동체의식을 함양하며 소속감을 고취하는 마인드 향상을 위한 프로그램개발이 필요하다.
- 모바일 기기를 통해 질의응답을 할 수 있는 시스템 구축이 된다면 도움이 될 것이라고 생각한다.
- 온라인 질의응답 활성화를 위해 질문에 대한 답변은 가급적이면 즉각적으로 이루어져야 한다고 생각한다. 또한, 비슷한 질문이나 좋은 질문에 대한 답변은 따로 공유할 수 있도록 게시판을 마련해 주면 좋을 것이며, 여기서 학습자들 간의 의견 교류도 자연스럽게 이루어질 수 있도록 유도하는 것도 좋은 방법이라고 생각한다.
- 여러 게시판을 개설하는 것도 좋지만 기존의 게시판에 기능을 추가하여 많은 학습자들이 편리하게 활용할 수 있도록 하는 것이 좋겠다고 생각한다.

(계속)

- 비슷한 질문에 대해 찾아보기 기능을 활용하여 쉽게 찾아 볼 수 있도록 한다면 도움이 될 것이라고 생각한다.
- 일정한 시간을 정해 교수자와 학습자 간의 실시간 질의응답시간을 가지면 상호작용을 유도할 수 있을 것이라고 생각한다.
- 질의응답에 대해 즉각적으로 답변이 오는 경우가 드문데, 모바일 기기를 활용하여 문자 등을 통해 응답을 받을 수 있다면 좋을 것이라고 생각한다.
- 실시간 화상 채팅을 통한 질의응답이 효과적일 것 같다고 생각한다.
- 강의 중 팝업창 등을 통해 질문 내용에 대한 응답을 볼 수 있게 하거나, 문자나 메일 등을 통해 질의응답 내용을 공유하는 것도 좋은 방법이라고 생각한다.
- 질문을 즉각적으로 반영할 수 있도록 강의 화면에 질의응답을 위한 공간을 마련하는 방안, 질의에 대한 응답시간 제한 규정을 만들어 적극적으로 반영하는 방법 등을 통해 질의응답 기능을 활성화하는 것이 필요하다고 생각한다.

3) 온라인 토론활동

사이버대학 수업활동에서 강의콘텐츠를 수강하는 활동과 함께 가장 많이 활용되는 학습활동의 하나가 온라인 토론이다. 강의콘텐츠를 통한 수강활동은 학습자들에게 학습내용을 전달하기 위한 것으로 기본적인 내용에 대한 이해를 전제로 한다. 토론은 여러 학습자들이 학습내용에 관한 특정 주제에 대해 의견을 주고받는 상호작용 활동이다(임정훈, 1999). 이를 통해 학습자들은 토론 주제에 대한 다양한 의견을 공유하고 교류하여 많은 교육적 효과를 거둘 수 있다. 온라인 토론이란 학습자가 컴퓨터와 인터넷을 사용하여 공간적으로 떨어져 있는 동료학습자나 교수자와 실시간 혹은 비실시간으로 전자 문자 메시지를 주고받는 상호작용 활동을 의미한다(김신자, 이정민, 2003; 박인우, 1997; 엄우용, 최은희, 2001).

온라인 토론은 면대면 토론과는 다르게 시간과 공간을 달리하는 학습자들이 가상공간에서 공동 과제를 해결하거나 특정 주제에 대하여 상호간에 의사를 교환하는 상호작용 활동으로서, 주로 텍스트를 기반으로 하는 비실시간 커뮤니케이션을 특징으로 한다(임정훈, 1999, p.250). 일반적으로 오프라인 토론은 같은 장소에서 동시에 토론참여자들이 모여서 의견교환 활동을 전개하는 활동인데 반해, 온라인 토론은 인터넷이라는 네트워크를 사용하여 멀리 떨어져 있는 장소에서 서로 다른 시간에도 토론주제에 대한 의견 교환이 가능하기 때문

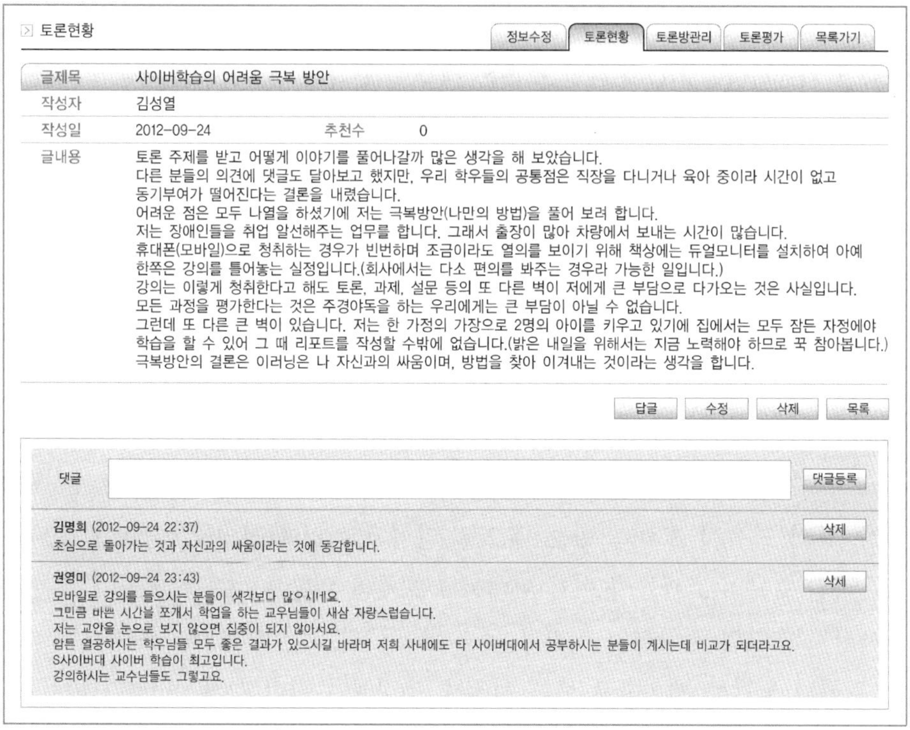

그림 7-5 온라인 토론활동에 대한 예시 자료

이다. 사이버대학의 수업에서는 실시간 온라인 토론보다는 비실시간 온라인 토론이 더 일반화되어 있다. 동시에 동료학습자들과 토론활동을 하기 위해서는 모두 똑같은 시간에 참여해야 하는데 각기 다른 직업이 있거나 자신의 사회활동을 수행하고 있는 사이버대학의 학생들에게 이는 매우 어려운 일이다. 따라서 대다수의 사이버대학 수업에서는 학습자들이 자신의 여건에 맞춰 토론활동에 참여할 수 있는 비실시간 온라인 토론이 더 활성화되어 있다. 그림 7-5는 온라인 토론활동에 대한 예시 자료이다.

온라인 토론은 여러 가지 교육적 효과를 가지고 있는데, 온라인 토론의 교육적 효과로 '다대다 커뮤니케이션, 시공을 초월한 커뮤니케이션, 텍스트 중심의 커뮤니케이션, 컴퓨터를 매개로 한 커뮤니케이션'을 제시하였다(Harasim, 1990). 첫째, 온라인 토론은 여러 학습자들이 학습주제에 대한 정보를 교환하여 다양한 관점을 공유하고 인지적 재구조화가 가능하다. 둘째, 온라인 토론은 학습자들이 원하는 장소와 시간에 동료학습자, 교수자, 실무 전문가들과 학습주제에 대한 상호교류가 가능하다. 셋째, 온라인 토론은 텍스트 중심의 상호작용을 통해서 자신의 생각을 정리하여 표현할 수 있다. 넷째, 온라인 토론은 컴퓨터를 매개로 하므로 토론 내용을 저장하고 필요시 언제든지 활용할 수 있다.

이 외에도 온라인 토론은 학습자와 학습자, 학습자와 교수자, 학습자와 분야 전문가 등과의 대인간 상호작용 활동이 가장 구체적으로 이루어질 수 있고(임정훈, 1999), 학습자들은 온라인 토론의 상호작용 과정을 통해서 인지적·사회적 측면의 교육경험을 할 수 있게 된다는 장점이 있다(Picciano, 2001; Vonderwell, 2003). 또한, 온라인 토론참여도가 높을수록 '배운 지식의 응용', '동료학습자와의 친밀감 증대', '문어적 의사소통 기술 향상', '온라인 토론 기술 향상' 등의 교육적 효과가 있는 것으로 인식되고 있다(정영숙, 최효선, 2006).

온라인 토론의 효과를 높이기 위해서 교수자의 역할은 매우 중요하다. 토론과정에서 교수자의 적극적인 역할과 교수전략이 필요하며(박인우, 1998), 효과적인 토론의 모델을 제시하고 토론 과정을 조정해야 한다고 제시하였다(Rohfeld & Hiemstar, 1995). 교수자 주도가 아닌 학습자 중심의 패러다임을 통해 학습자와 교수자 또는 학습자와 학습자 간의 긍정적인 토의 활동들을 이끌어 내는데 주력해야 한다(임병노, 2005). 이와 같은 주장들은 모두 온라인 토론 과정에서 교수자나 중재자가 어떤 역할을 취하는 것이 효과적인 토론을 이끌 수 있는지에 대한 시사점을 제시해 주는 것이다.

그러나 온라인 토론은 비실시간 토론의 경우, 토론주제에 대한 의견을 제시했을 때 그에 대한 피드백이나 댓글, 답글이 즉각적으로 제시되지 않아 토론활동에 대한 동기가 저하될 수 있고(임정훈, 1999), 온라인 토론을 주관하는 교수자가 토론과정에 개입하여 중재하지 않고 토론 진행상황 등을 무시하거나 방치하는 경우 등의 문제점이 있을 수 있다. 이 외에도 문자 중심의 토론 활동을 전개해야 하기 때문에 사전에 준비하는데 많은 시간이 소요될 수 있는 어려움이 발생할 수 있다.

다음은 온라인 토론을 활성화 하는데 도움이 될 수 있는 학생들의 의견과 반응을 정리한 내용이다.

온라인 토론 활성화 방안

- 실시간 토론의 장을 통해 학습자의 참여를 높인다면 학습자들 간의 동질성을 확인할 수 있는 계기가 되어 학습에 도움이 될 것으로 생각한다.
- 면대면 방식이 아닌 이러닝의 단점을 극복할 수 있는 좋은 방법이 토론활동의 활성화이다.
- 토론활동을 통해 학습자 간의 상호작용은 물론 다양한 관점의 의견을 통해 학습의 장이 넓어지는 계기가 된다.
- 학습에서 서로의 의견을 나누는 토론은 중요한 활동이라고 생각한다. 실시간 및 면대면 토론이 이러닝에서는 불가능하므로 화상채팅 등 이러한 부분을 보완할 수 있는 방법이 모색되어야 한다고 여겨진다.
- 실시간 토론활동을 하면 학습자 간의 상호작용에 도움이 될 것이라고 생각한다.
- 비실시간 게시판 글의 경우 형식적, 의무적으로 글을 쓰는 경우가 많은데 여기에 글에 대한 추천 제도를 도입한다면 양질의 토론 환경이 될 것이라고 생각한다.
- 강제적으로 접속을 유도하지 않고 유동적으로 일정한 시간을 정해 놓고 실시간 토론이나 대화를 할 수 있는 공간을 마련해 주는 것도 좋은 방법이라고 생각한다.
- 토론의 활성화를 위해서는 토론을 이끌어 가는 리더가 반드시 필요하다고 생각하며, 토론을 위한 학습자 간의 공감대 형성을 위한 방안 마련도 필요하다.
- 학습자가 올린 글에 대해 답글을 잘 달아 주어 참여도를 높일 수 있어야 하는데 이를 위해 공통의 과제를 선정하여 글을 올리는 것이 필요하다고 생각한다.
- 다양한 학습자의 공통과제를 선정하는 것은 어려운 일이므로 교수자와 학습자 간의 상호 커뮤니티를 통해 주제를 선정하는 것도 좋은 방법이라고 생각한다.
- 조별 토론방을 만들어 의문점이나 서로 독려하는 글 등을 공유하는 것도 좋은 방법이다.
- 강의 주차에 맞춰 토론주제를 정하고 이에 대해 토론을 유도하는 것도 학습자 간의 상호작용을 위해 좋은 방법이라고 생각한다.
- 비실시간 토론의 경우 가급적이면 빠른 시간 안에 처리를 하는 것이 필요하고, 가상공간에서의 상호작용을 활성화할 수 있는 방안으로는 일대다 혹은 다대다 상호작용을 유도하는 것도 좋은 방법이라고 생각한다. 또한, 모바일 단말기를 활용할 수 있는 시스템이 구축된다면 효과적일 것이라고 생각한다.
- 토론을 할 때 진행자, 중재자의 역할이 중요한데 이에 대한 교수학습 전략을 고려해 보는 것이 필요하다.
- 이러닝 학습환경에 대한 충분한 이해를 바탕으로 토론에 임해야 한다고 생각한다.
- 상대방의 의견에 대한 적절한 피드백이 유도되어야 질 높은 토론이 이루어질 수 있을 것이라고 생각한다.
- 상대방의 글에 반대하는 경우, 비난이 아닌 비판이 될 수 있도록 학습자들에게 온라인 토론의 특성에 대한 올바른 이해를 시켜주어야 한다고 생각한다.
- 타인의 의견에 대해 적극적으로 공감을 할 수 있는 학습 분위기를 조성해 주는 것이 필요하다.
- 학습에 곤란을 겪은 부분들에 대해 공유하고 이를 함께 해결해 나갈 수 있는 장으로 토론방을 활용하면 자신이 모르는 부분과 아는 부분에 대해 정확히 이해할 수 있을 것이라고 생각한다.
- 자신의 궁금증을 해소한다는 측면이외에 학습자들 간의 생각을 공유한다는 포괄적 의미의 토론이 활성화된다면 보다 긍정적인 학습이 될 수 있을 것이다.
- 실시간 대화 주제를 선정하여 조별로 토론 후 이를 정리하여 제출한 내용을 참여 및 과제물 평가에 반영한다면 학습자 간의 토론이 활성화될 수 있을 것이라고 생각한다.
- 토론을 효과적으로 운영하기 위해서는 학습자가 관심 있는 모든 주제를 토론할 수 있도록 해주어야 하며, 모든 학습자가 참여할 수 있는 분위기를 조성해 주어야 한다.
- 토론에서 대화를 시작하기 위해 옹호하는 글이나 질문으로 실마리를 제공하는 것은 지속적인 토론을 위한 좋은 방법이다.

4) 온라인 게시판 활용

온라인 게시판 활용은 이러닝 학습환경에서 교수자와 학습자, 학습자와 학습자 간의 상호작용이 가장 활발하게 이루어지는 주요한 학습환경이다.

온라인 게시판은 강의상담(질의응답), 온라인 토론 외에도 자유게시판, 학습자료실 등의 환경으로 활용된다.

자유게시판은 학습자와 학습자, 학습자와 교수자 간의 자유로운 의견을 교류하기 위한 공간으로 주로 학습자들이 활용한다. 학습자들은 자유게시판을 통해 학습에 대한 자신의 어려움을 호소하고 이에 대한 동료들의 조언을 통해 학습의욕을 갖는 등 학습활동과 직접적인 연관성은 다소 떨어지지만 학습자들과의 교류를 통해 학습동기유발에 매우 도움이 되는 부가적인 학습환경이다. 특히, 학습자들은 온라인 학습환경에서 자기주도적으로 학습을 수행하기 때문에 자칫 혼자 고립되어 있는 듯한 느낌을 받는 경우가 많은데, 이럴 경우 자유게시판에 자신의 어려움이나 힘든 점을 개진하면 이에 대한 동료들의 즉각적인 피드백을 받을 수 있고 이를 통해 학습의욕을 갖게 되는 경우가 많다. 그림 7-6은 자유게시판 활동에 대한 예시 자료이다.

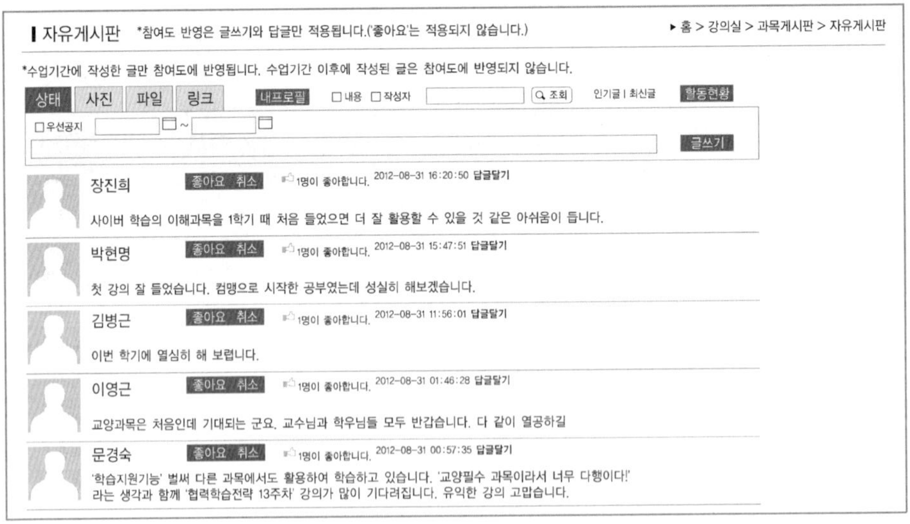

그림 7-6 자유게시판 활동에 대한 예시 자료

학습자료실은 교과 학습활동에 필요한 부가적인 학습자료를 등록하고 공유하기 위한 공간으로 학습활동에 매우 도움이 된다. 학습자들은 학습자료실에 등록된 자료를 공유하여 교과목 관련 내용이나 최근의 이슈 등에 대한 정보를 습득할 수 있기 때문이다. 그림 7-7은 학습자료실 활동에 대한 예시 자료이다.

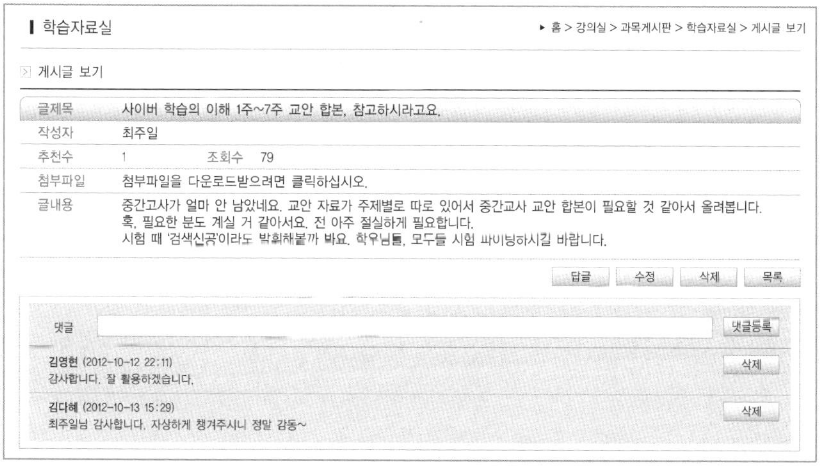

그림 7-7 학습자료실 활동에 대한 예시 자료

다음은 온라인 게시판 활동을 활성화하는데 도움이 될 수 있는 학생들의 의견과 반응을 정리한 내용이다.

온라인 게시판 활성화 방안

- 온라인 게시판은 학습자 스스로 활용하도록 자유롭게 두지 말고 교수학습의 전략적 측면에서 어느 정도 강제성을 띠고 있더라도 학습자가 참여할 수 있는 방안으로 생각해 보는 것이 필요하다.
- 게시판의 형태가 학습자의 자발적 참여를 이끌기에는 단조로운 면이 있어 재밍상 등을 통해 보다 적극적인 학습자 참여 방안을 제공하는 것이 필요하다.
- 교과목을 수강하고 있는 학습자들끼리 서로 칭찬해 주고 소개해 주는 코너를 운영하면 자연스럽게 정보도 공유하고 친밀감도 형성될 것이라고 생각하고 우수한 과제물이나 학습 성과물을 공개하면 학습자들로 하여금 성취감 및 학습의욕을 고취시키는 방법이 될 것이라고 생각한다.
- 답글에 대한 인센티브를 주면 활성화될 것이라고 생각한다.
- 강압적인 방법보다는 인센티브 등 학습자가 능동적으로 학습할 수 있는 교수전략을 생각해야 한다.
- SMS 등을 통해 게시판 활용을 유도하는 것도 좋은 방법이다.
- 강의에 대한 학습자들의 소감 및 질문을 게시할 수 있도록 유도하기 위해서 교수자의 격려 및 관심이 필수적인 요소라고 생각한다.

Part 03

사이버대학의 이러닝 학습전략

Chapter 8 이러닝 학습관리전략

Chapter 9 자기주도학습전략

Chapter 10 문제기반학습전략

Chapter 11 프로젝트기반학습전략

Chapter 12 자원기반학습전략

Chapter 13 사례기반학습전략

e-Learning

Chapter 8

이러닝 학습관리전략

Chapter 8

이러닝 학습관리전략

1 학습전략의 이해

1) 학습전략의 정의

과거 산업사회에서는 지식과 정보를 어떻게 습득할 것인지가 매우 주요한 학습의 관점이었다. 그러나 도처에 지식과 정보가 넘쳐나는 현대 지식기반사회에서는 다양한 지식과 정보를 적재적소에 어떻게 활용해야 하는지에 대한 것이 매우 주요한 이슈로 부각되고 있다. 교육과정도 교수자가 중심이 되어 지식을 체계적으로 전달하여 습득할 수 있도록 가르치는데 초점을 맞추던 방식에서 벗어나 학습자들이 지식을 스스로 구성하고 활용할 수 있도록 지원하는 방식에 초점을 맞추는 관점으로 변화되었다. 그 결과 학습의 과정에서 지식의 획득뿐만이 아니라 활용이 무엇보다 주요한 학습의 목적으로 부각되고 있다. 단기간에 많은 지식을 습득하는 것이 중요하던 시점에서 이제는 자신이 알고 있는 지식을 얼마나 적합하게 활용할 수 있는지에 대한 것이 더 중요하게 인식되고 있다. 이러한 맥락에서 학습전략에 대한 인식이 과거에 비해 많이 강조되고 있다.

학습전략이란 공부를 잘 하기 위한 비법으로 생각하는 경우가 많다. 그러나 학습전략은 단순히 공부를 잘 하기 위한 방법에만 국한되지 않는다. 공부를 잘 한다는 것이 지식을 어떻게 하면 잘 습득할 것인지에 국한된다면 학습전략은 지식을 습득하고 활용하는 모든 과정에 관한 전략적인 접근방식이라 할 수 있다. 인지심리학자들은 학습자가 현재 알고 있는 지식이나 경험, 즉 현재의 인지구조에 새로운 정보나 지식을 통합하고 융합하여 인지구조를 재구조화 하는 과정으로 설명한다. 이러한 과정을 동화와 조절을 통해서 이루어진다. 이러한 관점에서 학습전략은 새로운 학습내용을 학습자가 기존에 알고 있는 지식(인지구조)과 잘 동화되고 조절될 수 있도록(인지구조화) 촉진할 수 있는 인지전략의 일종으로 보고, 학습전략은 학습을 용이하게 수행하도록 촉진시키는 역할을 할 수 있다(박종선, 2009). 여러 학자의 정의를 통해서 학습전략의 개념을 알아보면 다음의 표 8-1과 같다.

표 8-1 학습전략의 개념

학 자	상세 내용
Dansereau (1985)	학습전략은 정보의 획득, 저장, 활용을 용이하게 하는 과정
Weinstein & ayer (1986)	학습전략은 학습자가 사용하여 학습과정에 영향을 미치는 행동과 사고로서, 학습자가 새로운 정보를 선택, 획득, 조직, 종합하는 방식에 영향을 미치는 인간의 정보처리활동
French & Rhoder (1992)	학습전략은 사고의 도구, 사고의 방법, 학습을 촉진하는 수단
www.nwlink.com/.../strategy.html	학습전략은 학습자들이 정보를 획득하고 활용하는 것을 도와주는 전략 즉, 정보를 획득하는 방법, 저장하는 방법, 표현(활용)하는 방법을 도와줌
www.kucrl.org/sim/strategies.shtml	학습전략은 학습자들이 학습하기 위해 사용하는 방법임. 기억을 향상시키는 방법에서부터 공부를 더 잘하기 위한 방법이나 시험을 잘 보기 위한 전략 등이 해당함
박종선 (2009)	학습전략은 새로운 학습내용을 학습자가 기존에 알고 있는 지식(인지구조)과 잘 통합될 수 있도록(인지구조화) 촉진할 수 있는 인지전략의 일종으로 학습을 용이하게 수행하도록 촉진시키는 역할
이원이 (2002)	학습전략이란 효율적 학습법, 정보를 효율적으로 기억하기 위한 방법, 단순한 공부방법(study skill)을 의미하는 것이 아님. 학습자가 정보를 처리하고 기억을 위해 저장하는 방법, 효과적으로 인출하는 인지과정에 관한 전략을 의미함
이화진 등 (1999)	학습전략은 정보처리활동을 포함할 뿐만 아니라 동기화수준을 유지하려는 동기화전략, 감정조절에 대한 정의적 전략, 학습상태를 유지하려는 주의집중전략, 시간관리전략 등을 포함

학습전략은 학습방략(learning tactics), 학습양식(learning style), 학습기술(learning skills), 학습선호도(learning preference) 등의 유사한 용어로 사용되기도 한다. 학습방략은 학습내용을 처리하는 특수한 방법으로, 학습양식은 학습내용(지식, 기술 및 태도)을 획득할 때 관습적으로 독특한 유형을 채용하는 것으로, 학습기술은 지식을 습득하고 변화시키기 위해 학습자가 스스로 선택하고 사용하는 학습방법으로, 학습선호도는 여러 교수학습방법 중에서 특정 학습방법을 좋아하는 의미로 사용된다. 여러 학자의 의견을 종합하면, 학습전략은 단순한 학습방법이 아니라 학습자가 학습내용을 처리하는 인지적인 전략을 의미한다. 즉 지식을 어떻게 획득하고 처리하는지와 관련되어 있는 것이다.

2) 학습전략의 분류

학습전략은 학습구조화전략과 학습관리전략으로 구분할 수 있다. 학습구조화전략은 학습내용을 습득하는 과정에서 학습자가 내용을 쉽게 이해할 수 있도록 내용의 구조를 체계적으로 정리하는 전략이며, 학습관리전략은 학습내용 외에 학습의 과정과 방법을 관리하는 전략을 의미한다.

학습내용구조화전략은 학습내용의 구조를 체계적으로 이해하고 저장해서 필요할 때 잘 활용할 수 있도록 조직화하는데 초점을 맞춘다. 학습내용을 잘 조직화하기 위해 사용하는 기억, 읽기, 선택적 주의집중, 부호화, 시연, 정교화, 조직화 등의 전략이 여기에 해당한다. 학습내용구조화전략은 학습내용을 잘 구조화해서 학습자들의 인지상태를 변화시키는 인지전략과 같은 맥락으로 이해할 수 있다(McKeachie 등, 1986).

학습관리전략은 학습자가 학습과정에서 자신이 학습계획을 세우고 계획에 따라 실행을 하고 나서 평가를 해보고, 자기가 계획을 세웠던 것만큼 충분히 학습결과를 성취했는지, 그렇지 못했는지를 확인하고, 어떤 요인들이 학습과정에 작용을 했는지, 앞으로의 개선사항은 무엇인지 등을 검토하는데 초점을 맞춘다. 이러한 맥락에서 학습자가 학습과정에서 어떠한 심리상태를 유지하는 것이 보다 더 학습에 도움이 될 것인지, 학습에 집중을 잘 하기 위해서는 어떻게 해야 하는지 등과 같이 학습활동을 수행한 과정에 대해서 한번쯤 돌이켜보고 학습에 활용한 자료, 방법 및 절차 등에 관해서 정리해 보는 활동 등이 해당된다. 한마디로 학습관리전략은 학습과정 전반에 대한 스스로의 모니터링을 통해 부족한 부분을 개선하고자 하는 의도로 수행되는 전략이다. 학습관리전략은 보조전략(Dansereau, 1985), 상위인지전략(McKeachie, 1986), 정의적 지원전략(Derry & Murphy, 1986)에 해당하는데, 일반적으로 메타인지전략, 초인지 전략, 자기조절전략 등과 같은 부류로 이해할 수 있다. 여러 학자가 제시한 학습전략은 다음의 표 8-2와 같이 구분할 수 있다.

표 8-2 학습전략의 종류

학 자	상세 내용	
Dansereau의 분류 (1978, 1985)	수전략	정보의 습득 및 저장에 직접 관여하는 전략인 '이해전략', '파지전략'과 저장된 정보를 회상하고 이용하는 '회상전략' 및 '사용전략'으로 구분
	보조전략	학습자의 최적심리상태를 유지하고 발전시키는데 필요한 하위요소로서 설계(planning)와 계획(scheduling), 집중력관리(concentration management), 자기점검(self-monitoring) 등으로 구성
Derry & Murphy의 분류 (1986)	기억전략	어휘와 항목에 관한 전략
	읽기전략	특정유형 교재에 관한 전략
	문제해결전략	산수영역과 관련된 전략
	정의적 지원전략	모든 영역의 기본 기능 학습에 적합한 전략
McKeachie 등의 분류 (1986)	인지전략	자료의 부호화, 즉 학습에 관한 전략과 정보의 인출에 관한 전략으로 시연, 정교화 등을 들 수 있음. '시연전략'은 암송을 기본으로 한 따라 읽기, 복사, 축어적 노트정리, 밑줄 긋기를 사용하는 전략임. '정교화전략'은 매개단어법, 심상이용법, 장소법을 기본으로 하여 의역, 요약, 유추생성, 노트정리, 질문대답 등을 사용하는 전략임
	상위인지전략	인지과정을 계획하고 조정하고 관리하고 수정하는 전략임. '계획전략'은 목표설정, 훑어보기, 질문생성을 사용하는 전략이며, '조정전략'은 자기검사, 시험전략을 사용하는 전략임. '조절전략'은 독서속도조절, 재독서, 복습, 수검전략을 사용하는 전략임

(계속)

학 자	상세 내용	
McKeachie 등의 분류 (1986)	자원관리전략	과제에 대한 관여의 양과 질에 영향을 미치는 자원을 통제하는 전략임. '시간관리전략'은 시간표작성, 목표설정을 하는 전략이며, '공부환경관리'는 장소정리, 조용한 장소, 조직적인 장소를 조성하는 전략임. '노력관리전략'은 자기효능감을 높이는 노력에 대한 귀인을 하도록 하는 전략이며 학습 분위기를 조성하고 스스로에게 이야기하고 인내하며 자기를 강화하는 전략임. '타인의 조력전략'은 교사동료로부터 조력을 추구하며 집단학습, 개인지도를 받는 전략임
Gagné의 분류 (이용남 외 역 1993)	선택적 주의집중전략	학습목표에 대한 지식, 내용에 대한 선택적 주의집중, 피드백에 대한 선택적 주의집중으로 나뉨
	부호화전략	정교화, 조직화, 특정 공부기법으로 나뉨
	특정 전략의 사용 시기에 대한 지식	어떤 전략을 선택할 것인지를 결정하는데 중요한 요인 중 하나로 준거과제에 대한 학습자의 지식임
	학습전략의 효과성 조절전략	학습자가 스스로 학습결함을 찾아 평가하고 교정할 수 있음

자료: 박종선, 사이버학습의 이해, 2009, pp.168-170을 재구성함

3) 이러닝 학습전략의 중요성

전통적인 면대면 학습환경에서 규명되고 논의되었던 학습전략은 이러닝 학습환경에서도 여전히 중요성이 강조되고 있다. 이러닝 학습환경이라 해서 학습이 누구나 쉽게 수행되는 것은 아니기 때문이다. 이러닝 학습의 유형이 단순하게 지식을 전달하는 강의형이든지 학습자 참여를 기반으로 하는 유형이든지 모두 학습자의 효과적인 학습전략에 따라 학습결과가 다양하게 나타날 수 있기 때문이다. 학습전략에 관한 대부분의 연구는 전통적인 면대면 학습환경에서 논의되고 검증된 학습전략의 하위요인들을 상정하고 있으며, 이러닝 환경에서 새롭게 부각되거나 더 중요한 역할을 하게 되는 학습전략의 규명에 대한 노력이 요구된다. 여러 학자가 제시한 이러닝 학습환경에 효과적인 학습전략은 표 8-3과 같이 정리할 수 있다.

표 8-3 이러닝 학습전략

학 자	상세 내용
이인숙 (2000)	웹기반의 이러닝 환경에서 대학생의 학습전략을 의사표현, 정보처리, 자기통제, 인적자원의 활용 측면에서 규명함
Lyman (1998)	학습자원 중심의 이러닝 학습환경에서 학습자가 인터넷의 혜택을 제대로 활용하기 위해 요구되는 6개의 정보문해 학습전략을 제안함
Willis (1994)	이러닝 학습환경에서 학습자가 모호함에 대한 내성, 자율성, 융통성 등을 가지면 학습에 성공할 수 있고, 학습자가 조직성, 대면강의, 교수자와의 상호작용 기회를 지나치게 선호하는 경우에는 실패한다고 지적함
Burge (1993)	이러닝 학습환경에 효과적인 학습전략 변인으로 선택, 표현, 그룹 상호작용, 정보의 조직 전략 등을 제안함
Eastmond (1993)	상호작용 중심의 이러닝 학습환경에서 높은 학업성취도를 보이는 학습자들은 다중토론, 정보과부하, 문자의 해독, 온라인정보의 활용, 사이버공동체 참여 등의 전략을 활용하고 있는 것으로 보고함

자료: 박종선, 사이버학습의 이해, 2009, pp.170-171을 재구성함

2 학습관리전략의 이해

1) 학습관리전략의 정의

학습관리전략은 이러닝 학습을 수행하는 과정에서 학업성취에 영향을 미치는 무엇보다 중요한 전략의 하나이다. 이러닝 학습은 학습자 중심의 자기주도 학습을 수행하는 과정이 반영되어 있기 때문에 학습자 스스로 자신의 학습과정에서 전개되는 제반 요인(강의콘텐츠 수강, 토론참여, 과제제출, 시험응시, 게시판활동 참여 등의 학습활동에 대한 관리 등)을 얼마나 철저하게 관리하면서 학습을 수행하는지에 대한 것이 매우 중요하다.

학습관리전략은 학습활동을 수행하는 과정에서 학습자가 자신의 학습결과를 향상시키기 위해 학습활동 전반에 대한 관리를 의도적으로 수행하려는 전략을 말한다(박종선, 2009). 이러닝 환경에서 학업성취도에 많은 영향력을 미치는 학습관리전략은 시간관리전략, 자기효능감, 태도수립 등이 있으며 이러닝 환경

표 8-4 이러닝 학습관리전략

구 분	상세 내용
자기주도전략	학습활동 과정에서 스스로 학습목표설정, 적극적 수강, 학습진도 조절, 자료선택, 답변 확인 등의 전략
표현전략	학습활동 과정에서 정확한 의사표현, 적극적 의견제시 등의 전략
다중토론관리전략	여러 의견이 동시적으로 논의되는 학습활동 상황에서 내용선택, 의견제시, 내용파악의 용이성과 정확성 등의 전략
사회성전략	학습활동 과정에서 학습자들의 토론, 공동작업의 용이성에 관한 전략
과부하관리전략	토론내용과 지시사항의 과부하 상황에서 내용의 선택, 이해, 관심도
정보처리전략	학습활동 과정에서 정보·자료의 가치 판단, 활용, 필요시기 판단, 조직화, 검색 등의 전략
비동시성관리전략	비동시적인 학습환경의 장점을 최대한 활용하고 한계점을 극복하면서 학습을 하기 위한 전략
시간관리전략	학습활동 과정에서 규칙적 수업참여, 수업참여 일정관리, 기일관리 등의 전략
정보해독전략	학습활동 과정에서 문자, 음성, 동영상, 그래픽, 애니메이션 유형의 정보를 적극적으로 해독하기 위한 태도나 정확한 이해도 등의 전략
자신감입증전략	학습활동 과정에서 학습과제 등의 활동을 잘 수행하고, 학습과정을 잘 수료할 수 있다는 확신 전략
긍정적 태도수립전략	학습활동 과정에서 수행되는 모든 활동에 대한 긍정적 태도 등의 전략

자료: 이인숙(2000)의 논문에서 발췌하여 정리함

에서 특히 중요하게 부각되는 표현, 다중토론, 사회성, 과부하관리, 정보처리, 비동시성관리, 정보해독전략 등을 제시하고 있다(이인숙, 2000). 표 8-4는 이러닝 학습활동에 영향을 미치는 학습관리전략에 관한 설명이다.

2) 학습관리전략의 종류 및 특성

이러닝 학습을 위한 학습관리전략은 시간관리, 정보처리, 자료관리, 과부하관리, 다중토론관리, 비동시성 관리 등이 있다. 이러닝 학습과정에서 이와 같은 전략들을 얼마나 효과적으로 활용하는지에 따라 이러닝 학습의 성패가 달려있다고 해도 과언이 아닐 것이다.

(1) 시간관리전략

시간관리전략은 이러닝 학습과정에서 가장 기본적이면서 중요한 학습관리 전략의 일종이다. 여러 학자에 의하면, 시간관리전략은 학업성취도를 예측해주고(Britton & Tessor, 1991), 장기계획을 활용하는 것은 학업성취도와 관계가 있고(Trueman & Hartley, 1995), 시간관리, 학업수행, 그리고 스트레스는 중요한 관계가 있는 변인으로 제시되고 있다(Macan, Shahani, Dipboye, & Phillips, 1990). 여러 연구를 통해 시간관리는 학습자들의 학업성취와 연관되어 있다는 사실을 인식할 수 있고, 이러닝 학습과정에서도 여전히 중요한 변인이라는 것을 실제 이러닝 수업을 운영하는 과정에서 학습자들의 반응을 통해 이해할 수 있다.

이러닝 학습과정에서 학습자들이 자신의 시간을 언제, 얼마나 학습에 투여하는지는 매우 중요하다. 전통적인 면대면 수업은 정해진 특정한 수업시간에 참여하면 되지만, 이러닝 학습은 학습자 자신이 학습할 시간을 정해서 강의콘텐츠를 수강하고 수업에서 요구하는 토론, 과제 등의 학습활동에 자율적으로 참여해야 하기 때문이다. 사이버대학의 학습자들이 이러닝 학습을 수행하면서 힘들어 하는 이유가 시간관리에 어려움을 느낀다는 점이다. 대다수의 사이버대학 학습자는 일을 하면서 학습을 병행해야 하기 때문에 시간관리에 어려움을 겪는 경우가 많고, 실제로 시간관리를 잘 하지 못해 어려움을 호소하는 경우도 많다.

시간관리를 잘 하기 위해서는 자신의 학습시간을 효과적으로 사용하기 위해 시간계획을 수립하는 것에서부터 출발해야 한다. 예를 들어, 한 학기에 6과목을 이수해야 한다면, 매일 한 과목씩 일정 시간의 학습을 수행하고 주말에는 소홀한 과목을 보충해야 할 것이나. 그런데 매일 한 과목을 수강하는 것이 그리 쉬운 일이 아니므로 학습자들이 힘들어 하는 것이다. 그렇다고 한꺼번에 많은 과목을 몰아서 학습하는 것은 비효율적이기 때문에 학습자들은 자신이 학습해야 할 과목의 특성 등을 고려하여 적절한 시간계획을 세우고 이를 철저하게 관리해야 한다. 일반적으로 매일 꾸준한 학습시간을 할애하는 것이 학습에 가장 효과적이다. 예를 들어, 직장인의 경우 아침 출근시간 전에 두시간씩 매일 한 과목의 강의를 수강하는 것이 좋은 예이다.

다음은 S사이버대학에서 공부하는 학생들이 사용하고 있는 시간관리전략의 예시이다.

1. 정해진 시간에 출석 및 수강하기

사이버대학의 이점 중의 하나는 출석과 수강이 자유롭다는 것이다. 하지만, 이것은 일종의 양날 검처럼 정확한 수강관리를 저해하는 요소이다. 매주 화요일과 목요일 오전을 출석 및 강의를 듣는 날로 정하고, 이것을 기준으로 일주일 간의 일정을 잡는다. 즉, 이 시간은 '사이버대학을 위한 절대시간'으로 정했기 때문에 다른 약속을 잡지 않는다. 오직 학습을 위한 시간이다.

2. 컴퓨터와 함께 눈뜨는 아침

아침에 눈을 뜨고 일과가 시작되기 전에 컴퓨터를 켠다. 한 과목 중 1교시 이상 수강하는 것이 원칙이다. 그러면 하루일과가 끝난 후에 강의 들을 때, 귀찮거나 힘들다고 미루지 않게 된다. 약속이 없는 요일은 집중적으로 학습을 더 많이 한다. 주부라서 변수가 많으므로 대체로 미루지 않으려고 노력한다. 출석점수는 출석만 하면 얻을 수 있으므로 강의를 차분히 들을 수 있는 환경이 아니라면 배속재생하여 듣는다. 한번만 들었을 때 부족한 과목이 있으면 2~3번 반복해서 듣는다. 그렇게 하면 이해가 쉽게 되고 문제를 잘 풀 수 있다. 또 시험 전주에는 배속재생하여 한 번씩 더 들으면서 복습한다.

3. 주당 학습시간－매일 1시간 30분~2시간, 7일 동안 12시간 학습

이번 학기에 7과목을 수강하고 있다. 매일 어떤 식으로든지 하루에 1과목을 수강하려고 노력한다. 약속이 있어서 듣지 못했을 경우에는, 밤늦게나 새벽에 듣거나 여의치 않으면 점심시간에 수강하여 그날에 정한 수업분량을 꼭 듣도록 노력한다. 만약 정한 날에 수업을 듣지 못하면 할 수 없이 일요일에 2과목을 수강하여 그 주의 강의는 그 주에 끝내도록 한다. 한과목이 밀리면 하루가 밀리고, 하루가 밀리면 한주가 밀려서 나중에는 강의 듣기 자체가 너무 힘들기 때문이다. 그래서 어떻게 해서든지 그 주에 강의는 그 주에 마무리한다.

주당학습시간

요일 / 시간	월	화	수	목	금	토	일
시 간	강의수강 1시 30분	강의수강 1시 30분	강의수강 1시 30분	강의수강 1시 30분	강의수강 1시 30분	강의수강 3시간	예습, 복습 및 게시판참여 3시간
	복습 및 과제 30분	복습 및 과제 30분	복습 및 과제 30분	복습 및 과제 30분	복습 및 과제 30분	복습 및 과제 1시간	
총 17시간	2시간	2시간	2시간	2시간	2시간	4시간	3시간

4. 주당 계획된 학습시간 반드시 지키기

업무와 육아, 가사를 병행하면서 대학생활 특히 사이버 공부를 한다는 것은 철저한 자기 자신과의 싸움이다. 그러므로 무엇보다도 계획성 있는 스케줄 관리가 필요하다. 가끔씩 찾아오는 안일한 마음, 즉, '쉬고 싶다'라는 생각이 들 때마다 '내가 왜? 현재 여기에 앉아 있는가?' 처음 공부를 시작하게 된 동기를 상기시키다보면 계획된 학습시간을 절대 내일로 미룰 수 없는 강한 의지가 생긴다.

(2) 자료관리전략

이러닝 학습을 수행하는 과정에서는 강의콘텐츠나 교안, 학습자료실에서 제공하는 학습자료와 질의응답이나 토론, 과제 등을 통해 생성되는 보조자료 등 매우 다양한 학습자원이 활용된다. 이러닝 학습을 수행하는 과정에서 제공되거나 생성되는 학습자료를 어떻게 관리하고 활용하는지에 따라 학습성과가 다양하게 나타날 수 있다. 따라서 학습과정에서 자료관리를 어떻게 하는지는 아주 중요한 학습전략이 될 수 있다.

표 8-5 이러닝 학습자료 관리의 예시

구 분	상세 내용
파일 형태의 자료관리	디지털화된 파일 형태의 자료들은 쉽게 변경이 가능하므로 이를 관리하기 위해서 버전관리를 수행할 필요가 있음. 학습과정에서 이러한 자료들을 어떻게 관리할 것인지를 고려할 필요가 있는데, 주제별로 버전을 정해서 관리하는 방법이 있을 수 있음. 혹은 날짜 표기를 해서 기존 파일과 새로운 파일이 섞이거나 혼동되지 않도록 관리해야 함
토론 등의 생성되고 산출된 자료관리	토론과 같은 형식을 통해서 생성되고 산출된 자료들은 복사를 해서 주제별로 분류하여 종합하는 활동이 필요함. 이를 기반으로 주제별로 추가되는 설명이나 예시, 비평, 유사한 예, 반대되는 예 등을 체계를 갖추어 정리하여 관리가 가능하다면 실제 학습과정에서 매우 유익하게 활용할 수 있음. 이를 위해 폴더를 구성하고 하위에 관련된 폴더를 구성하여 해당 파일을 관리하는 방법을 활용할 수 있음. 이러한 과정에서 활용하는 폴더의 구조는 위계구조나 수평구조의 형태로 구조화됨
저장매체 자료관리	컴퓨터 하드디스크, CD나 DVD 같은 저장 매체나 공간을 활용하여 학습자료를 저장하여 활용할 수 있음. 다만, 이러한 저장장치에 저장된 학습자료가 영구히 보관 가능할 것이라고 생각하면 안됨. 환경이나 저장장치에 따라서 변경되고 왜곡될 가능성이 있음. 즉 시디롬(CD-ROM)에 저장해 둔 학습자료가 저장할 당시에는 아무런 문제가 없었지만 1년 뒤에 실행할 때에는 종종 오류가 발생하기도 함. 오류를 방지하기 위해서는 저장장치를 보관할 때에 흠집 등이 발생하지 않도록 잘 보관해야 함
음성파일 자료관리	교안자료의 내용을 학습자 자신이 음성으로 읽어서 MP3 같은 유형의 음성파일로 저장한 후에 언제든지 수시로 들어보는 것도 학습에는 매우 도움이 되는 전략임. 대학에서 제공해주는 학습콘텐츠뿐만 아니라 교안자료를 스스로 음성 녹음한 자료는 이동 중에도 수시로 들을 수 있다는 장점이 있음

자료: 박종선, 사이버학습의 이해, 2009, pp.179-180을 재구성함

이러닝 학습과정에서 상당 부분의 자료들은 쉽게 복사하고 수정하여 전달이 가능한 디지털화된 파일의 형태로 관리하게 되므로 이 자료들은 다양한 형태로 활용할 수 있다. 한글이나 워드, 파워포인트 같은 파일은 쉽게 수정 및 변경이 가능하지만, PDF와 같은 형식의 파일은 수정 및 보완이 불가능한 특성이 있는 것이 그 예이다(박종선, 2009). 표 8-5는 자료관리의 예시이다(박종선, 2009).

다음은 S사이버대학에서 공부하는 학생들이 사용하고 있는 자료관리전략의 예시이다.

1. 강의교안 관리

강의교안의 스타일은 크게 두 가지 부류로 구분된다.

첫째는 문장이 길고 서술적인 교안이다.

보통 이런 교안의 경우 수업자료를 내신 교수님들은 순서대로 교안의 내용에 충실하게 설명하는 편이다. 이런 자료를 볼 때는 자칫 잘못하면 긴 문장 때문에 핵심내용을 지나칠 수 있으므로 강의 시 교수님이 강조하는 부분은 형광펜으로 표시하여 단조로움을 피한다(주의점: 형광펜을 너무 남발하면 오히려 역효과가 날 수 있다. 자신의 판단에 따라, 정말 핵심으로 판단되거나 주의를 기울여야 할 부분만 형광펜을 사용한다).

둘째는 함축적이며 간략한 교안이다.

교안의 분량을 보면 적게는 한주 분량에 3장에서 많게는 5장 정도로 핵심 위주로 있는데, 이런 교안을 사용하는 교수님들은 대부분 칠판강의 위주가 많다. 교수님 강의 스타일에 따라 다르지만 교안만 보고 시험문제를 해결하기는 조금 부족함이 있기 때문에 강의 시 칠판에 판서하는 내용이나 에피소드, 예시 등 나중에 복습할 때 기억을 떠올리기 좋은 내용들을 교안의 관련내용 옆에 필기하는 것이 좋다.

2. 2가지로 인쇄하기

개인적으로 프린터로 출력을 할 때 2가지로 한다. 매주 교안은 인쇄 해놓고 강의를 들을 때 사용하고, 시험은 물론 궁금한 점이 있을 때 수시로 열어본다. 또 하나는 휴대용이다. 즉, 한페이지 당 적게는 2면, 많게는 4면 정도를 해서 휴대하기 간편하게 만든다. 이동 중이거나 외출 시, 잠시 시간이 났을 때 아주 요긴하게 쓰인다. 주머니 안에 넣고 다니면서 필요할 때 꼭 볼 수 있게 하면 시험 준비에도 최고이다.

3. 전공 관련 신문기사 스크랩 하기

전공하는 과목이 사회과학 분야인 만큼 급변하는 사회정세를 따로 떼어두고 볼 수 없었다. 그래서 전공과 관련 있는 신문기사들은 개인 홈페이지에 꼼꼼히 스크랩을 해 두고 필요할 때마다 인용해서 보았다. 실제로 노인복지의 경우는 노인관련 기사들과 건강관련 기사들을 스크랩을 해두었는데 학습에 많은 도움을 주었다. 보육관련 기사의 경우도 스크랩을 하면서 읽어 두면 도움이 된다.

4. 강의를 들을 때 교수님 말씀 모두 노트필기 하기

실제 수강시간보다 거의 배 이상의 시간을 들여야 하지만, 나중에 노트를 다시 보아도 이해하는데 전혀 어려움이 없게 된다. 교수님께서 예로 들어주시는 부분까지도 모두 필기했더니 강의를 이해하는 것 뿐 만 아니라 나중에 시험을 보는 데에도 많은 도움이 되었다.

(계속)

5. 수강 과목별로 파일 만들기

과목별로 강의 교안을 파일로 만든 후 주차의 핵심적인 부분을 소제목으로 목차를 작성하면 복습하거나 내용을 색인 작업 할 때 편리하다.

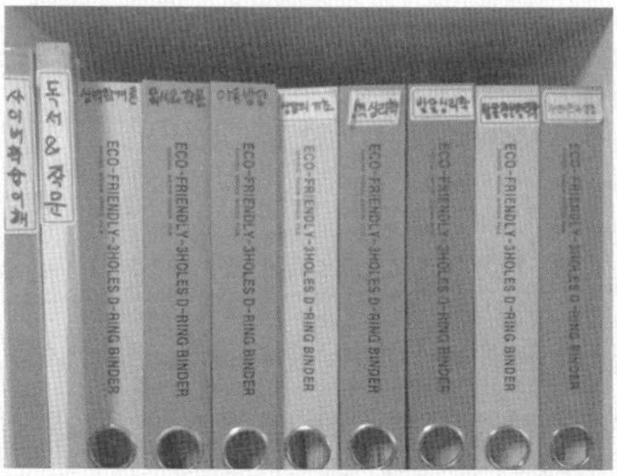

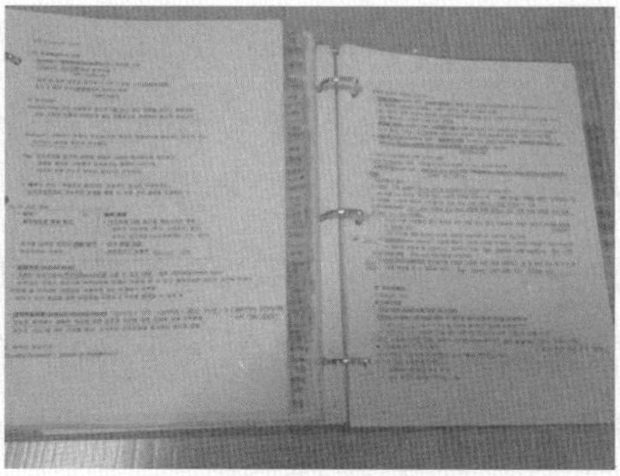

6. MP3 및 스마트폰 최대로 활용하기

직장의 과다한 업무와 사회 활동이 맞물려 있을 때 모바일 강의는 시간적 돌파구가 되어 준다. 스마트폰도 모바일 강의에 초점을 두고 구입한 것이나. 점심시간, 휴식시간 잠시 20~30분 남는 시간에 모바일 강의를 들으며 출석과 학습의 두 마리 토끼를 잡는 아주 소중한 수업방식이다. 언제 어디서나 틈나는 시간 동안에 부족한 부분이 있다면 다시 듣고 또 들을 수 있는 모바일 강의는 세계 최고 이러닝 학습법을 꿈꾸는 S사이버대학교만 가능한 수업방식이다.

(3) 과부하관리전략

이러닝 학습과정에서 학습자들은 학습과부하 현상을 경험하는 경우가 많다. 학습과부하는 학습자의 인지구조 내에서 동시에 처리할 수 있는 용량을 벗어날 경우에 발생하는 것으로 학습에 지장을 초래할 수 있다. 인지과부하 현상의 원인으로 다음의 두 가지를 제시하고 있다(박종신, 2009). 첫째는 짧은 학습시간 동안에 강의콘텐츠, 교안, 교재 등과 같은 많은 학습자료를 활용해서 학습활동이 수행되기 때문에 동시에 처리해야 하는 학습의 양이 많아 이러한 현상이 발생할 수 있다. 둘째는 학습자들이 익숙한 학습방법을 사용하지 않기 때문에 발생할 수 있다. 즉, 학습방법이 학습자에게 익숙한 오프라인과 달리 이러닝 수업에 적응해야 하기 때문에 학습자의 인지구조를 활용해야 하는 기제가 하나 더 늘어나는 데에서 연유한다. 즉 학습방법이나 환경이 익숙하지 않아 학습활동을 수행 시에 학습콘텐츠를 실행하는 과정에서 오류가 발생하는 등의 방법론적인 측면에서 일정한 인지용량을 활용해야 하기 때문이다. 이와 같이 두 가지 이유로 인해서 학습과정에서 학습과부하 현상이 발생할 수 있으므로 이에 대한 고려가 필요하다. 특히, 이러닝 학습에 익숙하지 않은 학습자들에게 이러한 현상이 나타날 수 있으므로 학습활동 초기에 이에 대한 대응방안을 고려할 필요가 있다. 이를 방지하기 위한 것으로는 학습내용의 구조를 학습자들이 잘 파악할 수 있도록 학습구조도나 구성도, 학습 맵 등을 활용하는 방안이 효과적이다. 이러닝 학습방법에서는 학습초기에 학습자들에게 이러닝 학습환경의 특성에 대한 안내를 제공하여 학습자들의 이러닝 준비도를 향상시키는 방안을 고려할 수 있다. 학습자들이 이러닝 학습환경이나 방법으로 인해 어려움을 겪을 때 쉽게 도움을 요청할 수 있도록 지원체계를 갖추는 것도 좋은 방법이 될 수 있다.

다음은 S사이버대학에서 공부하는 학생들이 사용하고 있는 자료관리전략의 예시이다.

1. 강의는 충실히, 집중력을 향상시키는 방법과 규칙 정하기

성적에 대한 관심이 가장 많을 것이다. 좋은 성적을 얻는 방법 중에 하나는 무엇보다 강의를 충실히 듣는 것이 상당히 중요하다. 온라인 강의이니 만큼 자기통제 여부에 달려 있다. 강의를 듣다 보면 본인도 모르게 쇼핑을 하거나 뉴스, 게임 등을 잠깐만 해도 시간을 많이 뺏기는 경우가 종종 있다. 그래서 스톱워치를 활용하는 방법이 있다. 수강시작과 동시에 스톱워치를 작동하여 자신이 얼마나 시간 활용을 잘 하는지 등을 체크할 수 있다. 주어진 강의 시간보다 초과한다면 체크리스트를 잘 작성해서 어디에서 불필요하게 시간 낭비를 하고 있는지를 파악하고 고쳐나가는 것이 중요하다. 또한 자신을 통제할 수 있는 하나의 메커니즘(꼭 해야 할 것, 하지 말아야 할 것, 하기 원하는 것)을 얻게 된다.

2. 수강 신청 시 시간표 확인 → 하루 1~2개 과목만 시험보기 → 시험 부담 최소화

이런 식으로 수강 과목을 결정하면 끝으로 확인할 사항이 하나 더 남아 있다. 과목별로 강의계획서를 출력하여 수강과목별 평가 방법 페이지를 수강과목, 시험요일, 중간고사, 기말고사, 리포트, 출석, 담당교수 등과 같은 항목으로 표를 작성하면 요일별 시험이 중복되는지 중간, 기말 시험에 배점은 어떤지, 리포트 제출은 있는지, 출석점수는 어떻게 되는지를 한눈에 알아 볼 수 있으므로 과목별로 최종 확인한 후에 수강신청을 하였다. 아마 이런 방식으로 한다면 별 무리 없이 수강 신청을 할 수 있을 것이다.

3. 무리하게 학습계획 세우지 않기

사이버라는 특성상 혼자 공부해야 하고 계획하고 실천해 나가야 하는 학습인데 너무 의욕만 앞세워 무리한 계획을 세우면 막상 공부하기 힘든 현실에 부딪히고 쉽게 포기하게 된다. 적절히 소화해 낼 수 계획을 세워 실천해 나가도록 한다.

(계속)

4. 포스트잇의 메모 학습법

포스트잇에 강의별로 수강했던 내용들의 요점을 적어서 수첩이나 컴퓨터 모니터 한쪽에 붙여놓곤 한다. 만학도로서 어린 나이의 학우들과 경쟁하는 것은 결코 쉽지 않은 일이었고, 공부를 손에서 놓고 있었던 시간들이 힘든 현실로 다가왔다. 그래서 요점이 될 만한 내용들을 자주 볼 수 있는 곳에다가 붙여두고 늘 내용을 상기하도록 노력했다. 중요하게 생각해서 이해하고 암기했던 내용들도 시간이 지나면 늘 잊게 마련이다. 그래서 끊임없이 반복학습을 위한 학습 도우미로 포스트잇을 이용했다.

5. 마인드맵 소프트웨어 프로그램의 활용

사실 나는 굉장한 악필이다. 따라서 동영상 강의내용을 보면서 노트에 필기를 하는 것 보다는 메모장이나 워드에 정리를 하곤 했다. 하지만 내용을 단편적으로 적는 것은 별 의미가 없다고 판단하여 '마인드맵'을 도입하였다. 마인드맵은 토니 부잔이 주창한 일종의 지식정리법으로 마음속에 지도를 그리듯이 줄거리를 이해하며 정리하는 방법이다.

한 강의 당 대략 1장의 마인드맵이 나오며 이것을 모아두면 훌륭한 학습 자료가 된다. 단편적인 서술이 아니라 '지도'로서 표현하기 때문에 정리하기 쉽고, 보기에도 쉬운 장점이 있다.

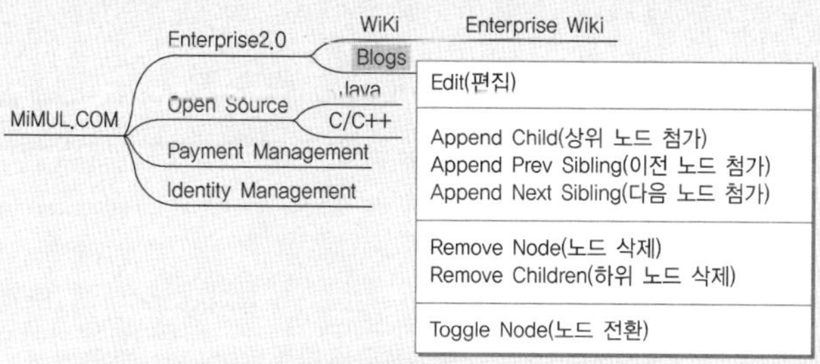

마인드맵을 이용한 직관적인 정리

숙달이 되면 강의 시작과 함께 같은 속도로 정리가 가능하다.

(4) 다중토론관리전략

이러닝 학습과정은 일반적으로 교수님의 설명만 듣고 수업을 마무리하는 것이 아니고 설명 중에 제시된 특정 주제나 내용과 관련된 주제를 선정하여 토론을 중심으로 수업을 전개하는 경우가 많다. 특정 주제를 개설한 다음에 각각 한 개의 의견만 개신하는 것이 아니고 찬성과 반대의견, 부가적인 의견, 비평적인 의견 등을 수시로 게시하고 서로 공유하는 과정을 통해 학습이 이루어지는 토론의 특성을 보면 학습자는 의견을 개진하는 횟수가 증가하면 참여율이 높아지고 주제에 대한 내용 이해도도 향상된다.

특히 학습과정에서 동시에 여러 개의 토론이 이루어지는 경우가 많으므로 다중토론을 어떻게 수행하는 것이 효율적인 학습이 될 수 있을 것인지를 고려해야 한다. 시간은 부족한데 토론에 참여하여 의견을 개진해야 하고 동료들이 내놓은 의견에 대해 답변을 진행하는 등의 활동이 지속적으로 발생할 수 있으므로 이러한 과정에서 학습자들이 얼마나 효율적으로 참여할 것인지를 결정하고 관리하는 것은 매우 중요하다.

사전에 토론에 대한 여러 정황을 분석하고 토론주제에 대해 충분히 준비한 후에 참여하는 것이 효율적인 토론관리를 위해 중요하다. 다음은 S사이버대학에서 공부하는 학생들이 사용하고 있는 토론관리전략의 예시이다.

1. 토론 관리

학교 다이어리의 수강계획표에서 확인하고 토론 일정을 표시해 두며, 수강할 때마다 교수님이 주제를 올렸는지 살펴봤다. 토론은 주제에 대한 의견을 간단하게 개진하는 것이라 부담은 덜하다. 그러나 리포트와 같은 다른 과제에 비해 기한이 짧은 것이 보통이므로, 토론이 있으면 즉시 하는데, 좀 더 자료를 보거나 공부를 해야 하는 내용이면 2~3일 이내에 글을 올린다. 빨리 작성하지 못할 때는 토론방으로 들어가서 다른 학우들의 글을 읽고, 의견을 댓글로 달아둔다. 보통 그렇게 작성해도 점수가 나오지만, 원칙적으로 자신의 의견을 올려야 공부가 제대로 된다.

2. 토론방에 빨리 참여하기

주어진 기간 안에 의견을 주고받아야 하는데 먼저 부담 갖지 말고 토론방에 들어가 게시물들을 읽고 생각나는 의견이나 댓글을 꼭 적어야 한다. 물론 틀린 내용이 있다면 다른 학생들이 댓글을 달 것이고 그것에 대해서는 계속 공부해 가면서 토론을 진행해 나가면 된다. 어려울 거라고 미리 속단하지 않는 것이 중요하다.

3. 과제물, 토론, 리포트 제출 시의 비법

2학기에는 과제물 제출에도, 토론 시에도 참고 자료를 많이 찾고 인터넷 자료를 검색한 후 신중하게 작성하여 제출했다. 과제물 제출 공지사항이 올라오면 그날부터 수업계획표를 보면서 여러 수강과목의 과제물, 토론, 리포트, 게시판 작성 등의 제출기한과 내용을 한눈에 알아 볼 수 있도록 자세하게 제출기한이 가장 가까운 순서대로 도표로 만들어 놓는다. 이 때 중간고사나 기말고사 날짜도 함께 기입해 두는 것이 편리하다. 가끔은 시험날짜 이후까지 제출기한인 경우도 있어서 함께 기입해놓는다. 먼저 내야 할 과제부터 항상 생각하고 있다가(며칠 동안 어떻게 서술할지, 어떤 형식으로 할지, 어떤 자료를 검색해야 할지, 자료를 어떻게 구할지에 대하여 걸을 때도 식사 준비를 할 때도 짬짬이 생각함) 자료를 검색한다. 사는 곳이 산골이다 보니 도서관열람도 하지만 보통은 S사이버대학교의 e도서관에서 자료검색을 주로 한다. e도서관의 창을 열면 학술지 논문이라는 게시판이 있다. 그 밑에 국가지식 DB, RISS, KISS가 있다. 각각의 창을 열어 논문이나 학술지를 확인하여 참고하고 있으며, 인터넷으로도 필요한 여러 전문 단체의 홈페이지를 방문해서 자료를 검색한다. 제출기한에 임박하지 않은 시점에는 생각들을 정리하여 한글문서로 만들어 수정, 보완하고 최종적으로 제출한다. 제출을 마치면 과제제출도표와 수업계획표의 도표에 제출되었다고 빨간색으로 줄을 그어 표시한다.

과제나 토론, 리포트 제출할 때 여러 가지 자료들을 읽게 되어 학습자들이 자발적으로 공부를 많이 하도록 유도한다는 느낌이 들었다. 그래서 과제물을 제출하고 나면 무언가를 해낸 것 같은 뿌듯함이 들고 자신을 칭찬하게 된다.

(5) 비동시성관리전략

이러닝 수업에서 보편적으로 활용되는 강의콘텐츠 수강, 질의응답, 비실시간 토론참여, 과제활동, 동료들과의 의견교류 등은 실시간보다 비실시간으로 이루어지는 경우가 대부분이다. 비동시성 관리전략은 학습자들이 편리한 시간에 학습활동을 수행할 수 있도록 관리하기 위한 전략을 의미한다. 즉, 비동시적인 이러닝 학습환경의 장점을 최대한 활용하고 한계점을 극복하면서 학습활동을 수행하기 위한 전략이다. 또한, 이러닝 학습활동에서는 일정한 기한 내에 여러 개의 학습활동(예: 온라인 토론, 과제, 질의응답 등)이 수행될 수 있으므로 이를 학습자의 시간할애나 수준 등의 특성에 따라 관리할 수 있어야 한다. 이를 위해서 과제제출기한, 토론기한, 시험기한 등의 관리를 기록하여 철저하게 수행할 필요가 있다. 비동시성 관리를 수행하지 않으면 여러 과목에서 동시에 진행되는 여러 과제를 언제 제출해야 하는지, 어떤 방법으로 수행하는 것이 효과적인지 등에 대한 관리가 이루어지지 않아 과제제출 기한을 넘기거나 올바른 형태로 과제를 수행하지 못하는 등의 현상이 나타날 수 있다.

다음은 S사이버대학에서 공부하는 학생들이 사용하고 있는 비동시성관리전략의 예시이다.

1. 강의수강 기한 넘기지 않기
하루에 한 과목의 강의를 듣겠다고 결심하고 결심을 했으면 꼭 시행한다. 그러나 직장을 다니다 보면 회식이 있어서 늦게 집에 갈 수도 있고 몸이 안 좋거나 집안에 일이 있어서 며칠을 빠져야 할 경우가 생기게 된다. 그럴 경우는 그 주의 주말을 이용하여 밀린 강의는 모두 듣는다.

2. 주중 학습은 매일매일 조금씩이라도 하기
수숭에는 수업을 듣기 위해서 매일 아침에 최소 1시간 30분, 저녁에 1시가 30부씩 공부한다. 처음에는 어렵지만 시간이 지나면서 일찍 일어나는 습관이 들어 아침에는 새벽 5시 반이면 자동으로 눈이 떠진다. 그때 수업을 듣고 출근하고 저녁에는 9시 전에 집안일을 마치고 10시 반까지 수업을 듣고 하루를 마친다. 해당 주의 수업을 일찍 마치게 되는 경우에는 학습 Q&A, 자유게시판, 학습 자료실을 둘러보며 필요한 정보들을 찾아본다.

(계속)

3. 예습, 복습 꼭 하기

사실 수강도 힘든 상황에서 예습, 복습을 하기는 힘들다고 말하지만, 요령만 터득하면 얼마든지 가능하다. 휴대용 인쇄본이 바로 그것이다. 보통 한 과목 수강을 하는데 드는 시간이 1시간 30분 정도라면 그 시간의 1/3, 1/5 정도면 충분하다. 전 주에 다음 주 수강과목의 인쇄본을 가지고 다니면서 한번 읽고 수강한다면 강의내용도 귀에 잘 들어온다. 주의할 점은 항상 가지고 다닐 수 있도록 인쇄물의 크기가 작고 휴대가 간편해야 한다는 것이다.

4. Q&A의 이용과 다른 학우들과 교류의 장점

사이버 강의의 한계는 궁금한 내용을 교수님께 직접 질문할 수 없다는 것이다. 그래서 모르는 내용을 Q&A에 질문했고 그때마다 교수님들과 조교님들의 답변을 들을 수 있었다. 그런 내용들은 교안 뒷면에 스크랩해서 이해를 도왔다. 또한, 같은 전공을 하는 학우들을 통해서 개념이해와 시험내용의 흐름을 파악하도록 노력했다. 안창호 학우와의 교류가 가장 인상이 깊었는데, 교안뿐 아니라 주 교재에 대한 보충 내용을 얻는데 큰 효과를 보았다. 주변의 사회복지사 1급 자격증 소지자에게 질문하여 학교 시험뿐만 아니라 사회복지사 시험에 대한 정보를 얻어서 부족한 시간을 성공적으로 메울 수 있었다.

Chapter 9

자기주도 학습전략

Chapter 9

자기주도 학습전략

1 자기주도학습전략의 특성

1) 자기주도학습의 정의

지식기반의 평생학습 사회에서는 개인의 지식습득 및 창출 전략이 매우 중요하고, 이를 위해 개인의 자기주도학습능력을 신장시킬 필요가 있다(박종선, 2009). 자기주도학습능력이란 자기조절학습능력(임철일, 2002)과 같은 의미로 사용되는데, 이러닝에서 학습자 주도성을 지원하고 촉진하는 대표적인 전략으로 학습자가 자신이 설정한 목표를 달성하기 위하여 자신의 사고, 감정, 행동을 체계적으로 관리하는 과정(Schunk, 2000)을 의미한다.

자기주도학습(self-directed learning)과 자기조절학습(self-regulated learning)은 유사한 의미로 사용되는데, 자기주도학습은 성인교육 분야에서 등장한 개념이고, 자기조절학습은 학습심리 분야에서 발달한 개념이다.

자기주도학습은 성인교육 분야에서 정규 교육기관이나 교사의 도움이 없이도 성인들이 자신의 학습을 수행하게 되면서 등장하였다. 자기주도 학습에서 자기주도성은 자기교수(self-teaching), 자습(self study), 학습프로젝트(learning project), 학습기술(study skills), 자기선도학습(self-initiated learning), 독학(autodidaxy), 개인연구(individual study), 탐구학습(inquiry learning) 등과 같은 용어로 사용된다.

표 9-1 자기주도 학습의 개념 정리

학 자	상세 내용
Knowles (1975)	학습자가 타인의 조력 여부와는 관계없이 자기 스스로 주도권을 가지고 학습목표를 설정하고, 효율적인 학습전략을 사용하여 학습결과를 평가하는 일련의 과정
Spear & Mocker (1984)	학습자가 처한 환경에 따라 학습과정을 선택하고, 자신의 학습과제를 구조화하는 경향
Oddi (1986)	자기주도학습자는 개방성, 독립성, 그리고 자율성을 지닌 학습자로서 자기주도학습은 학습자들로 하여금 이런 인성 특성을 갖추도록 요구하는 학습형태
Candy (1991)	자기주도학습은 교육 목표인 동시에 학습과정으로 이해하며, 개인적 자율성(personal autonomy)을 가진 인성적 특징, 스스로 교육하려는 의지와 능력을 특성으로 하는 자기 관리(self-management), 공식적인 상황에서 학습을 계획하는 학습자 통제(learner-control), 비공식적 상황에서 개별적, 비제도적으로 이루어지는 독학의 의미
Brokett & Hiemstra (1991)	학습자가 학습을 계획, 실행, 평가하는 것에 책임을 지고 수행하는 과정으로 교수학습의 상호작용 특성이 작용
Long (1992)	학습상황이 정규 교육이든지 비정규 교육이든지 상관없이 학습자가 자신의 학습활동에 얼마나 적극적으로 참여하는지에 대한 개념
Caffarella (1993)	학습을 계획하고 운영하는 자기 주도적인 과정이자 속성으로 공식적인 장면에서 학습자 통제를 허용하기 위해 수업을 조직하는 방식
Garrison (1997)	'자기관리(self-management)', '자기조정(self-monitoring)', 그리고 '동기(motivation)'의 상호작용에 의해 형성

자료: 오상철, 이문복, 2009, pp.23-26

이러한 용어들이 공통적으로 함의하고 있는 것은 학습자가 주체적으로 학습목표를 설정하고 학습활동에 대해 자신이 책임진다는 점이다(한국교육공학회, 2005). 자기주도학습의 개념은 여러 학자에 의해서 표 9-1과 같이 정리할 수 있다.

이와 같은 자기주도학습의 중요한 특징으로는 교사 대신 학습자가 학습의 과정적 절차에 대해 결정권과 선택권을 가지는 것(Knowles, 1975), 학습절차에 대한 결정권을 교사 대신 학습자가 행사하는 것(Garrison, 1997)으로 보았다.

이상의 자기주도학습의 의미를 종합하면, 학습자들 스스로 학습을 수행해 나가는 데 있어 자신의 장점과 단점을 인식하고, 학습방법과 다양한 자원을 선택하며, 학습결과를 평가해 나가는 과정이다. 따라서 학습자의 인성적 특성은 자기주도학습과정에 영향을 주며, 학습자와 교수자 간의 상호작용 및 협상은 자기주도학습과정을 촉진시킨다. 또한 자기주도학습은 학습 상황에 따라 다양한 형태로 발현된다. 그러므로 자기주도학습을 실제 교수학습 상황에 구현시키기 위해서는 교수자의 교수 행위, 교수학습환경, 학습자의 특성, 학부모의 학습자 지원, 그리고 학습자의 학습과정에 대한 철저한 분석이 필요하다(오상철, 이문복, 2009, p.26에서 재인용).

2) 자기주도학습의 구성요인

자기주도학습을 구성하는 요인은 매우 다양하다. 자기주도학습의 구성요인은 학습자의 학습과정 측면과 학습자의 특성 측면에서 도출할 수 있다.

학습자의 특성 측면에서 자기주도학습의 구성 요인을 살펴보면, 동기 조절, 인지 조절 및 행동 조절로 분류될 수 있다. 즉, 동기조절은 자기효능감, 내재적 가치, 목표 지향성, 시험불안전략, 인지조절은 정교화, 점검, 시연전략, 행동조절은 시간과 공부조절, 노력조절, 학습행동조절전략으로 구성된다. 따라서 자기주도학습자는 자기 효능적이고 자발적이며, 내적으로 동기화가 되어 있고, 지식 정보 및 습득 과정에서 계획, 조직, 점검 및 자기 평가를 실행할 수 있다(Zimmerman, 1986, 2000).

학습과정 측면에서 자기주도학습의 구성 요인은 학습욕구 진단, 학습목표 설정, 인적·물적 자원 확보, 학습전략 선택, 실행 및 평가로 보았다(Knowles, 1975).

2 자기조절학습전략의 특성

1) 자기조절학습의 정의

자기조절학습은 학습심리 분야에서 발달한 개념으로, 학습자 자신이 학습활동의 주체가 되어 학습목표를 설정하고 학습동기를 진단하며 학습에 필요한 인적,

물적 자원을 관리하는 것으로(Zimmerman, 1989), 학습자가 학습과정에 메타인지적, 동기적, 그리고 행동적으로 적극 참여하는 것을 의미한다(Zimmerman, 1990). 메타인지적이란 자기조절능력이 우수한 학습자가 지식을 획득해가는 과정에서 계획, 목표설정, 조직, 자기모니터, 자기평가를 실천하는 것을 의미하고, 동기적이란 학습하는 과정에 고도의 자기효능감, 자기귀인, 그리고 과제에 대한 내적 흥미도를 보여줄 뿐 아니라 괄목할 만한 수준이 될 때까지 노력과 끈기를 나타내는 것을 의미한다. 행동적이란 자기조절 능력이 우수한 학습자가 조언구하기, 정보추구, 학습에 적절한 장소탐색, 자기교수, 자기강화 등의 행동을 적극적으로 추구하며 학습을 극대화하는 환경을 선택, 구성, 창출하는 것을 의미한다. 다시 말하면, 자기조절학습은 학습자가 학습과정에서 자신의 학습을 계획, 점검하고 인지적으로 조절하는 메타인지, 동기, 학습전략 측면에서 자신의 학습을 계획, 조절, 통제하면서 학습과제에 적극적으로 참여하는 학습과정을 의미한다(한국교육심리학회, 2006).

자기조절학습과정에서 활용할 수 있는 학습전략 중 여러 가지가 있는데, 대표적인 것이 초인지전략, 자기관리전략 및 인지전략 등이다(Pintrich & De Groot, 1990; Zimmerman, 1990). 초인지전략은 계획을 수립하고, 목표를 설정하며, 자료를 검색하고 교정 하는 등의 활동으로 구성된다. 자기관리전략은 학습에 필요한 정보를 추구하고 도움을 요청하며 시간을 배분하고 환경을 설정하는 활동 등이 해당한다. 인지전략은 암기, 주요한 개념의 규명 및 연습 등이 해당한다.

2) 이러닝 환경에서의 자기조절학습 2

이러닝 환경에 영향을 미치는 학습전략은 다양하지만, 특히 이러닝은 학습자의 자율성, 책임성, 자기주도성이 요구되기 때문에 학습자의 자기조절 학습능력이 매우 중요한 요인으로 작용된다. 자기조절학습이란 학습자가 자신의 목표를 달성하기 위하여 스스로 사고와 감성, 행동을 체계적으로 활성화시키는

2 박종선, 사이버학습의 이해, 2009, 교육과학사 pp.173-174에서 재인용

것을 의미하며 개별 학습자가 학습과제를 위하여 적극적이고 목표 지향적으로 행동과 동기, 인지를 스스로 통제하는 것을 말한다. 자기조절학습은 전사고 단계, 수행단계, 평가단계로 구성된다.

(1) 전사고단계

본격적인 학습활동이 실행되기 이전에 과제분석, 목표수립, 전략계획 등의 활동이 이루어지는 단계로 동기적 요인들이 형성되는 시기이다. 학습수행에 관한 가치나 자기효능감, 목표 지향성 등에 대한 충분한 고려가 필요하다.

(2) 수행단계

자기조절학습의 핵심적인 단계로 학습활동을 실행하면서 구체적인 전략을 사용하는 단계이다.

(3) 평가단계

학습활동 종료 후에 지금까지의 학습과정과 결과를 평가하고 반응하는 단계를 의미한다.

이러닝에서 자기조절학습을 활성화하기 위해서는 자기조절학습 단계에 대한 규명을 토대로 학습 초기에 학습자의 동기를 높일 수 있도록 설계해야 한다. 특히 자기효능감을 높이기 위한 설계전략을 고려하는 것이 중요하다. 또한 학습내용을 모듈단위로 구성하고 각 단위별로 학습자가 직접 수행하는 학습활동 형태로 구성할 필요가 있다. 학습자가 학습결과에 대해 만족하고 학습에 대한 긍정적인 태도를 갖도록 하는 것도 중요하다. 따라서 이러닝 학습과정의 마지막 단계에서는 학습의 결과와 과정에 대해서 학습자의 판단과 반응을 반드시 확인하여 최종적인 자기 평가가 긍정적이 되도록 설계하는 노력이 필요하다.

Chapter 10

문제기반 학습전략

Chapter 10

문제기반 학습전략

1 문제기반학습전략의 이해

문제기반학습(PBL: Problem Based Learning) 또는 문제중심학습은 복잡한 현실 세계의 맥락에서 실제적으로 비구조화된 문제를 제시하여, 의미 있는 해결 방법을 찾아내게 하여 교과지식과 기술뿐만 아니라 문제해결전략을 동시에 가르치고 배우는 교수-학습전략이다. 문제기반학습을 통해 학습자들은 능동적인 학습과정에 참여하여 다양하고 복잡한 문제를 창의적으로 해결할 수 있는 능력을 기르게 된다. 문제기반학습은 단순한 내용의 이해를 넘어서서 분석, 종합 및 평가와 같은 고차적인 학습목표를 달성하는데 적합하기 때문에 지식기반사회의 복잡하고 현실적인 문제해결을 위한 교수-학습전략으로 각광받고 있다.

1) 문제기반학습의 배경

문제기반학습 또는 문제중심학습은 캐나다 맥마스터대학교(McMaster University) 의과대학 교수인 배로우(Barrows)에 의해 의과대학 교육문제를 해결하기 위한 교육방법으로 1969년에 창안되었다(Barrows, 1994). 그 후 1970년대 중반 미국 남일리노이대학교 의과대학 학습자들을 위한 교수모형으로 개발되었으며, 현재 여러 나라의 의과대학을 비롯하여 경영대학, 사범대학, 법과대학과 초·중등학교에서 활발하게 활용되고 있다. 초기 문제중심학습이 의과대학에서 실시된 이유는 개념을 중점적으로 학습하고 의대를 졸업한 사람들이 현장에서 발생하는 다양한 문제 상황을 해결하지 못하여 어려움을 겪었기 때문이다. 또한 의대에서 학습한 내용들을 다양한 현장에 적용할 때 그 상황이 의대에서 학습한 내용과 반드시 일치하지 않아 스스로 특정한 문제 상황에 맞는 해결 역량을 배양하는 것이 중요한 이슈로 부각되었기 때문이다. 특히 기업과 대학에서 문제해결능력과 협동심을 갖춘 인재를 양성하는데 관심을 갖게 되면서 문제기반학습은 이런 목적을 달성할 수 있는 교수 방법으로 널리 활용되기 시작하였다.

2) 문제기반학습의 개념 및 특성

문제기반학습이란 문제를 중심으로 학습이 시작되는 것으로, 제시된 문제를 해결하기 위해 학습자들이 교수자의 안내를 받으며 팀 학습과 자기주도학습을 하면서 학습이 이루어지는 학습형태 또는 학습환경이다. 문제기반학습에 관한 개념 정의는 다음의 표 10-1과 같이 정리할 수 있다.

표 10-1 문제기반학습의 개념 정의

학 자	상세 내용
Barrows (1985)	학습자들에게 실제적인 문제를 제시하고, 제시된 문제를 해결하기 위해 학습자들 상호간에 공동으로 문제해결방안을 강구하고, 개별학습과 협동학습을 통해 공통의 해결안을 마련하는 일련의 과정에서 학습이 이루어지게 되는 학습방법
강인애 (2003)	복잡한 실제 세계의 맥락 속에서 비구조화된 문제를 제시하여, 의미 있는 해결방법을 찾아내게 하여 교과지식과 기술뿐만 아니라 문제해결 전략을 동시에 가르치는 교육방법이자 학습이론
장정아 (2005, p.8)	학습자들에게 실제적인 문제(authentic problem)를 제시하여 학습자들이 문제를 해결하기 위해 공동으로 문제해결 방안을 논의한 후, 개별학습과 협동학습을 통해 공통의 해결안을 마련하는 과정에서 학습이 이루어지는 학습방법 및 학습환경
김희수, 임병노, 이상수, 허희옥 (2007, p.130)	구성주의에 바탕을 둔 학습방법으로 실세 사회에서 직면할 수 있는 똑같은 복잡성과 비구조화된 특성을 가진 문제를 중심으로 소집단의 협동학습을 통해 문제해결을 해가는 과정에서 관련 내용지식, 협동학습능력, 문제해결능력, 의사소통능력, 자율적 학습능력을 학습해가는 학습자 중심의 학습방법

이와 같은 문제기반학습환경은 다음과 같은 특징을 가진다(김성완 외, 2009, pp.38-39).

첫째, 문제기반학습은 우리의 삶과 현장 속에서 실재하는 복잡하고 비구조적인 문제들을 풀어가는 것에 중점을 두고 있다. 이때 문제기반학습은 문제해결안을 도출해 내는 것뿐만 아니라, 해결해 나가는 과정을 더 중시한다. 문제해결과정을 통하여 궁극적으로 문제해결능력 및 비판적 사고력을 습득할 수 있다고 기대하기 때문이다.

둘째, 문제기반학습은 학습자 중심의 학습이다. 따라서 전통적 교육 방식과 달리 강사의 권위는 학습자에게 위임되고, 문제의 규명에서 문제해결 과정과 결과에 대한 모든 책임, 심지어는 평가의 몫까지도 전적으로 학습자가 갖게 된다.

셋째, 문제기반학습은 협동적인 문제해결을 강조한다. 협동적 문제해결을 강조하는 것은 학습자들의 인지발달에 중요한 상호작용이 풍부한 학습상황을 이뤄 개인들의 지식이 사회적 상호작용에 의해 형성된다는 구성주의적 맥락을 잘 반영하고 있다. 즉 지식은 측정가능하고 수량화할 수 있는 객관적 실재에 근거하는 것이 아니라 사회적 상황의 적용을 내면화된 결과로 보고 상호작용이 풍부한 협동학습을 강조한다. 협동학습을 통해 학습자들은 자신의 결론과 견해에 대한 객관적 평가를 들을 수 있으며, 다른 사람의 견해를 자신의 의견과 비교하여 개인이 지닌 사고의 영역과 범주를 넓힐 수 있다.

넷째, 문제기반학습은 구조적으로 크게 자율적 학습과정과 협동학습과정으로 나눌 수 있다. 학습자들에게 문제를 주면, 협동하여 문제 규명 및 문제 해결안에 대한 생각을 공유하고, 조정한 후, 개인 학습자의 자율적 학습시간에 다루게 될 학습과제를 부여한다. 각자 개별학습과정을 통해 과제를 해결한 뒤, 다시 모두 모여 공동 과제를 해결한다. 이렇듯 개인학습과정과 협동학습과정의 결과로 문제해결과 관련한 많은 지식과 전략이 누적되고, 공동 차원과 개인적 차원에서 모두 질적으로 깊이 있는 학습경험과 결과를 얻게 된다.

2 문제기반학습의 절차

문제기반학습을 수행하기 위한 절차는 7가지로 구성된다(Barrows, 1985; 1988). 즉, 초기 활동, 문제제시, 문제에서 요구하는 학습내용 추론, 자기주도 학습의 수행, 협동학습을 통한 반추, 문제해결안 작성, 문제의 해결안에 대한 요약 및 종합정리로 구성된다.

1) 초기 활동

문제기반학습의 초기 활동은 해결해야 할 문제기반학습문제가 제시되기 전에 수업이 원활하게 이루어지게 하는 수업 분위기 형성의 단계이다. 이는 문제기반 학습이 학습자 중심으로 이루어지기 때문에 학습자들끼리 서로 친근감을 형성하여 자유롭게 논의할 수 있도록 하기 위해서이다. 따라서 문제기반학습의 초기 활동으로 팀을 구성하고, 서로를 소개하는 활동을 통해 팀원들 간에 친밀감을 형성한다. 다음으로 학습활동을 하는 과정에서 팀이 원활하게 운영되도록 하기 위해 팀의 규칙을 정한다. 학습 초기에 이러한 활동을 통해서 학습자들 간의 친근한 분위기를 형성하고 학습자 스스로 책임감을 갖게 하는데 도움이 된다.

2) 문제제시

문제기반학습은 문제를 해결하기 위한 학습이다. 여기서 문제(problem)란 단순한 문제가 아니라 실세계의 복잡성을 반영하는 것으로, 문제기반학습에서 활용되는 문제의 특성을 다음과 같이 제시하고 있다(김종백, 2004, p.61). 첫째, 비구조화된 문제여야 한다. 비구조화된 문제는 문제해결에 어떤 개념, 규칙, 원리들이 필요한지, 그것을 어떻게 조직할 것인지, 어떤 해결 방안이 가장 좋은지에 대해 해결 방안과 불확실성이 다양하게 존재하는 문제들을 지칭한다. 또한 학습자의 수준과 학습성도에 따라 도출되는 결론이나 해결안의 수준, 질 등이 달리 결정될 수 있는 문제이다. 둘째, 현실성을 바탕으로 한 문제를 활용한다. 문제기반학습에서의 '문제'는 소위 학교라는 상황에서만 통하는 인위적이고 비실용적인 문제가 아니라 현실성을 바탕으로 하고 있는 문제여야 한다. 셋째, 학습자와 관련 있는 문제일수록 좋다. 학습자 자신에게 꼭 필요하고 실질적인 도움을 주는 문제로 정해서 학습자의 내적 동기유발이 가능하여야 한다. 이런 경우에만 학습자가 문제 상황에 대해 주인의식을 가지고 모든 학습과정을 주체적으로 관리할 수 있다. 넷째, 학습자의 역할과 결과가 명확히 제시되는 문제여야 한다. 문제기반학습의 특성상 교육과정에서 어떤 것도 미리 구체적으로 결정되어 제시되거나 진행되는 것이 아니므로 학습자의 역할과 결과물에 대한 확실한 방향이 제시되는 문제여야 한다.

이와 같은 특징을 갖춘 문제를 제시하는 것으로부터 문제기반학습이 시작된다. 문제가 먼저 제시되어야 하는 이유를 다음과 같이 보여주고 있다(장정아, 2005). 첫째, 학습자들은 제시된 문제를 통해 자신이 이미 많은 지식을 습득했다는 것과 자신이 가지고 있는 정보와 기술에 기초해서 어떻게 문제를 해결해야 할지를 알게 된다. 둘째, 문제를 먼저 제시하면 학습자들 스스로 자신이 무엇을 모르고 있으며 무엇을 학습해야 하는지를 파악하게 한다. 셋째, 제시된 문제를 중심으로 지식이 저장되고 인출될 수 있다. 넷째, 전문가로서 경험하는 일상생활은 실제로 늘 문제를 먼저 접하게 된다. 예를 들면, 의사의 경우 대부분 환자의 증상에 대해 미리 학습한 후 환자를 접하기보다는 환자를 먼저 만나게 된다. 따라서 학습자들에게 문제를 먼저 제시하는 것은 보유한 지식을 효과적으로 사용하고, 새로운 지식을 실제적으로 유용한 형태로 저장하며, 실제 상황에 적응하게 하는 중요한 효과를 산출한다(pp.14-15).

3) 문제추론

문제가 제시되면 학습자들은 사회자와 기록자를 정해 토론을 진행한다. 토론 내용은 가설·해결안, 이미 알고 있는 사실, 더 알아야 할 것으로 구분하여 기록한다. 각각의 내용은 모든 구성원의 동의를 거쳐 결정된다. 이러한 학습과정에서 학습자들은 무엇을 질문할 것이며, 왜 질문해야 하며, 질문내용이 그들이 세운 가설과 어떻게 연관되어 있는지 등을 정당화해야 한다.

표 10-2 토론 내용의 기록

가설/해결안 (ideas)	이미 알고 있는 사실들 (facts)	더 알아야 할 것 (learning issues)
주어진 과제를 풀기 위해 생각할 수 있는 어떤 것들, 결과물, 필요한 자료, 정보, 기술은 무엇인가?	주어진 과제를 풀기 위해 규명한 생각, 사실, 정보, 기술들 중에서 이미 알고 있는 것	주어진 과제를 풀기 위해 규명된 생각, 사실, 정보, 기술 중에서 알지 못한 것들을 기술

이 단계에서 학습자들이 문제해결에 필요한 학습과제를 도출할 수 있도록 튜터의 도움활동이 이루어진다.

4) 자기주도학습의 수행

문제해결을 위한 학습계획을 수립하면, 학습자들은 학습과제를 분담한 후 자기주도학습활동을 수행한다. 학습자들은 과제 중에서 자신에게 필요한 학습과제가 무엇인지를 선택할 필요가 있으며, 자신이 이미 알고 있거나 이전의 문제에서 맡은 내용과 유사한 것은 맡지 않아야 한다. 또한 선택된 자료가 연구에 꼭 필요한 자료인지, 연구의 깊이와 필요한 시간 등도 결정해야 한다. 학습자들은 이 과정에서 자료를 찾고, 조사하며, 분석하는 등의 방법을 학습하게 된다. 학습자들은 할당된 개인과제를 수행하며 더 나아가서 자신의 관심 영역에 대한 조사나 부족한 지식을 보충하기 위해 해당 영역의 전문가를 활용하거나 관련 문헌 등을 고찰하는 등의 활동을 수행한다.

5) 협동학습을 통한 빈추

학습자들은 자신이 조사한 자료와 내용을 활용하여 마치 전문가처럼 문제에 대한 해결대안을 제시하기 시작한다. 학습자들은 자신이 획득한 새로운 지식에 근거하여 세운 가설을 수정하고, 자료를 분석하며, 문제를 재해석한다. 이 때 학습자들은 정보를 학습하는 것뿐만 아니라 자신이 가지고 있는 사전 지식을 비판하고 문제를 분석, 종합하는 과정에서 정보를 활성화하여 사용하게 된다. 이 과정에서 지식은 실제 맥락에서 사용되는 방식으로 기억되고 회상될 수 있도록 조직화되고 강화된다.

6) 문제 해결안 작성

개별적으로 이루어진 학습내용은 다른 학습자들과 공유된다. 학습자들은 개별학습을 통해 획득한 자료와 내용을 모아서 팀 구성원들과 함께 협동학습을 통해 정보 자체에 대한 재평가를 수행하고 문제를 재검토한다. 이 과정에서 학습자들은 협동학습을 통해 해결안을 도출한다. 도출된 해결안은 학습자들이 학습한 내용을 그대로 제시하는 것이 아니라 문제에서 요구하는 형태(예: 프레젠테이션 자료, 환자에 대한 처방전, 설계 제안서 등) 등과 같이 다양한 형식을 취할 수 있다.

7) 요약 및 종합정리

이 과정은 문제기반학습에서 아주 중요한 성찰의 단계이다. 학습자들은 자신의 학습과정, 문제해결을 위해 개인과 팀이 취했던 접근방법 등에 대해서 검토하고, 팀의 문제해결과정에 얼마나 기여했는지를 평가하는 기회를 가진다. 즉, 문제를 해결하기 위해 학습자들이 무엇을 학습했으며, 자신이 이미 알고 있던 것이 어떻게 확장되었고, 이를 어떻게 적용할 수 있을 것인지에 대해 정한다. 또 의식적으로 문제해결 과정에서 일어난 학습에 대해 회상하고, 이미 가지고 있던 지식에 통합하거나 정교화하는 일을 하게 한다. 따라서 이러한 정리과정을 통해 기억을 정교화하고 조직화할 수 있다.

3 문제기반학습의 사례

1) 웹기반 문제기반학습(PBL)에서 튜터의 역할수행에 대한 사례연구[3]

(1) 연구개요

문제기반학습에서는 교수자가 학습과정을 안내하는 튜터의 역할을 수행하게 되는데 튜터는 가장 보편적으로 '소집단 학습과 자율학습이 원활하게 이루어지

3 장정아의 논문을 요약하여 인용함. 교육공학연구, 21(3), 2005, pp.97-129.

도록 촉진하는 사람'으로 정의된다. 튜터의 역할을 수행하는데에 가장 핵심이 되는 것은 '적절한 때'에 적절한 역할을 수행해야 한다는 점이다. 따라서 이 사례에서는 이 강좌의 튜터 활동이 어떤 특성을 나타내는지 밝혀 웹기반 문제기반학습에서의 튜터 활동에 대한 안내를 제시하고자 하고, 면대면 환경을 기준으로 제안된 문제기반학습 튜터의 역할에 대한 안내들을 종합·분석하여 튜터 역할에 대한 메시지를 분석하였다.

(2) 문제기반학습 설계와 구현방법

웹기반 환경의 PBL에서 튜터가 역할을 어떻게 수행하는지에 대한 사례연구를 제시하고자 서울소재 A대학교의 한 학기 동안 수업을 웹기반 문제기반학습으로 진행하여 강좌에 대한 안내는 면대면 환경에서 이루어졌다. 문제 제시 및 학습자들의 문제해결과정 및 이에 대한 튜터의 조력과정은 강좌의 웹 커뮤니티에서 이루어졌다. 또한 튜터가 강좌의 웹 커뮤니티에 작성한 메시지를 수집하였고 이 메시지를 분석하기 위한 분석틀은 과정관련 안내 메시지와 내용 안내 메시지로 나누었다.

(3) 시사점

튜터의 메시지 분석결과, 첫째 문제에서는 튜터가 학습자와 친근감을 형성하고, 문제기반학습과정을 안내하는 활동이 주로 이루어졌다. 둘째 문제에서는 느슨해진 수업참여도를 높이기 위한 참여 독려 메시지와 내용관련 질문이 많이 제시되었고, 셋째 문제에서는 질문이, 넷째 문제에서는 튜터의 활동이 거의 없었다. 웹기반 문제기반학습 강좌의 튜터 메시지는 내용관련 안내보다는 과정관련 안내 메시지의 수가 더 많았다. 이는 문제기반학습의 특성상 튜터가 내용을 직접 제시하기 보다는 문제해결과정을 돕는 역할이기도 하지만, 학습자들이 서로 다른 시공간에 존재하기 때문에 나타난 문제기반학습과정의 변형을 보완하기 위한 것이라고도 볼 수 있다. 따라서 이 사례를 통해 웹기반 문제기반학습에서 튜터의 역할수행에 대한 특성을 제시할 수 있다.

2) 웹기반 학습환경에서 협력적 성찰이 문제해결 수행 및 과정에 미치는 영향사례 4

(1) 연구개요

웹기반 협력학습(CSCL: Computer Supported Collaborative Learning)에서 학습자의 협력적 성찰이 문제해결 수행 및 과정에 어떠한 영향을 미치는지 실증적으로 분석하기 위하여 사회적 인지 이론, 문제중심학습 및 학습자 성찰을 연구의 주요 이론적 기저로 삼아 내면과의 대화를 강조하는 전통적 개념의 반성적 사고를 '개인적 성찰'로, 동료와의 사회적 상호작용을 강조하는 새로운 개념의 성찰을 '협력적 성찰'로 규정하고 이 변인이 학습에 미치는 효과를 알아보았다.

(2) 문제기반학습 설계와 구현방법

이 사례에서는 협력적 성찰이 지원되는 집단, 개인적 성찰이 지원되는 집단, 별도의 성찰이 지원되지 않는 집단에 각 50명 가량 무선 배치하여 각 집단에 소속된 연구대상들을 4~5명씩 소규모 그룹으로 형성, 집단별로 총 10~12개 그룹으로 활동하도록 구성하였다. 사용된 도구는 성찰의 유형에 따른 3종의 CSCL 사이트, 개념이해형 문제해결 수행 검사지, 지식구성형 문제해결 수행 평가기준 및 상호작용 메시지 분석틀로 이뤄졌으며 성찰지원 도구의 기능은 자신이 소속된 그룹의 활동뿐 아니라 다른 그룹의 활동까지 비판적·반성적으로 점검할 수 있도록 설계되었다.

(3) 시사점

협력적 성찰 또는 개인적 성찰이 지원되는 CSCL과 별도의 성찰이 지원되지 않는 CSCL의 활동결과를 살펴보니 협력적 성찰이 문제해결 수행에 긍정적인 영향을 미치고 있는 것으로 나타났고 문제해결 과정 중 학습자들이 주고받은 상호작용 메시지를 분석한 결과를 보면 성찰의 유형에 따라 학습자들이 표출하는 메시지에 차이가 있었다. CSCL이 공동의 학습목표를 달성하기 위해 서로

4 이승희, 김동식의 논문을 요약하여 인용함. 교육공학연구, 2003, 19(1), pp.131-159.

협력하는 구성적 학습환경임을 고려한다면, 학습자가 자신의 생각과 그룹 활동 과정에 대해 비판적으로 점검하고 개선하도록 지원하는 성찰지원 방안을 고려할 필요가 있고 학습자의 성찰적 사고를 적극 유도하여 유의미한 학습경험을 이끌어 내는 학습환경을 설계해야 할 것이다.

3) 웹기반 문제중심학습 수업 사례연구 – 성찰촉진방안 설계와 효과를 중심으로[5]

(1) 연구개요

웹기반 문제중심학습환경에서 학습자들이 자기주도학습과정과 문제해결과정을 지원하는 성찰촉진방안을 제공한 웹기반 PBL수업을 개발하고 사례연구를 실시하여 제공된 성찰촉진방안들이 어떻게 활용되고 학습자들의 PBL활동 수행에 어떤 영향을 주는지 탐색하며 오프라인 교실활동과 웹기반 PBL사이트를 활용한 온라인 활동을 병행하여 전개한 수업형태일 때 학생들이 PBL학습경험을 어떻게 인식하는지 탐색하고자 한다. 포괄적인 연구문제는 '성찰촉진방안이 제공된 웹기반 문제중심학습에서 학생들은 어떤 학습경험을 하는가?' 이며, 구체적으로 제공된 각 성찰촉진방안의 활용과 효과, 웹기반 PBL학습경험에 대한 인식, PBL수업 웹사이트의 활용과 인식, PBL수업에 참여하는 학습자 활동 양상과 인식을 탐색하였다.

(2) 문제기반학습 설계와 구현방법

실제 웹기반 수업에서는 PBL수업에서 설계된 성찰촉진방안이 PBL활동에 어떤 영향을 미치는지 알아 보고, 대학생들이 웹기반 PBL수업 웹사이트 설계 시 포함된 성찰촉진방안에는 문제해결단계별 워크시트와 성찰질문제공, 팀 활동 내용작성기능, 학습 log 및 성찰저널작성기능이 있다. 설문지, 인터뷰, PBL웹사이트에 축적된 자료, 관찰 저널, 자기주도학습준비도 검사지를 사용하여 자료를 수집하였고, 연구대상은 PBL수업에 참여한 25명의 대학생들로 한 팀에 3~4명씩 임의로 성한 종 7팀으로 일주일에 3시간씩 15주 동안 운영하고 웹기반 PBL

5 정현미의 연구를 요약하여 인용함. 교육정보미디어연구, 13(1), 2007, pp.161-196.

사이트를 활용한 온라인 활동과 교실수업 오프라인 활동을 병행한 PBL 수업을 8주간 진행하였다.

(3) 시사점

웹기반 PBL학습경험에서 가장 가치롭게 느낀 점은 자기주도적 학습활동, 문제해결 활동이었고, 좋았던 점은 많은 학생들이 스스로 학습하는 자기주도학습 방식이 좋았다고 하였다. 또한 팀 활동 시 가장 어려웠던 점으로 '팀원들과의 시간조정 및 협업 활동의 문제' 를 가장 많이 지적하였고 PBL수업에서 개선이 필요한 아쉬웠던 점으로는 인터넷 접속 등 기술적 문제해결과 팀 활동 시 팀원 참여도에 대한 감시방안의 필요성을 가장 많이 지적하였다.

이 사례는 웹상에서 성찰촉진방안이 제공된 PBL 수업사례연구를 통하여 궁극적으로 대학교육에서 학생들의 PBL활동수행을 지원하는 성찰촉진방안이 적용된 웹기반 PBL학습환경 설계에 대한 시사점을 제공하였다.

Chapter 11

프로젝트기반 학습전략

Chapter 11

프로젝트기반 학습전략

1 프로젝트기반학습(project based learning)의 이해

1) 프로젝트기반학습의 배경

1886년에 실험학교에서 듀이(Dewey)는 교사에 의한 피동적인 수업이 아닌 실제적인 활동을 통한 전체적인 통합학습을 실현하고자 하였다. 듀이는 프로젝트를 통하여 학습자들에게 의미 있게 형성될 수 있는 교육적 경험, 즉, 프로젝트 방법을 이용하여 학습자의 흥미와 연결되는 학습활동을 형성하고, 인지적 사고 과정을 이끌어내며, 다른 학습자 혹은 교수자와 공동 활동을 가능케 한다.

듀이(1933)에 의하면 프로젝트학습이 교육적인 가치를 가지려면 프로젝트가 외부에서 주어지는 것보다는 학습자의 감성과 흥미를 중심으로 문제를 만들어 그 문제를 해결하기 위한 사고과정에 초점이 맞추어져야 하며, 외적인 유용성 못지않게 학습자의 내재적 가치에 중요성을 부여할 수 있는 경험이 이루어져야 한다는 것이다.

이러한 프로젝트학습은 듀이의 실험학교와 스팀슨(Stimson)의 홈 프로젝트에서 비롯되어 1920년대 킬패트릭(Kilpatrick)에 의해 이론적 체계가 확립되어 프로젝트 방법으로 체계화되었다.

2) 프로젝트기반학습의 정의

프로젝트기반학습(project-based learning)은 학습자들이 실생활과 연계된 실제적인 문제 혹은 과제를 이해하고 해결해가면서 공동의 목표를 달성하는 방법이다. 프로젝트는 학습의 가치가 있는 주제에 대한 깊이 있는 탐구를 통해 주로 학습 내에서 소집단으로 진행되는 방법이다. 프로젝트기반학습은 일반적으로 학습자의 탐구과정과 성찰, 문제해결, 자발적인 참여와 능동성을 강조하는 교수학습 모형이자 방법이다. 특히 학습자의 능동적인 참여가 기본이 된다.

특히, 프로젝트기반학습은 문제기반학습(problem-based learning), 목표기반시나리오학습(goal based scenario)과 함께 구성주의 기반의 대표적 학습모델이자 방법으로 선호되고 있다. 프로젝트기반학습은 문제기반학습과 목표기반시나리오학습의 일부 특징을 통합하여 학습자의 과제수행 활동, 즉 학습자 중심의 프로젝트 수행을 통해 학습목표를 달성하는 가장 효과적인 학습방법이기 때문이다.

프로젝트학습은 학습자가 제시된 프로젝트 과제를 해결하기 위해 4~6명의 팀을 구성하고 팀원들이 협동적으로 과제 해결방안을 설계하며 문제를 해결하는 활동에 적극적으로 참여하여 문제해결안(학습의 결과물)을 작성하는 과정과 문제해결을 강조하는 학습방법이다.

프로젝트학습은 학습자들이 목적에 따라 스스로 구체적이고 실천적인 계획을 세워 학습을 진행하게 되며 일반적으로 장기간에 걸쳐 진행되는데 학습자가 유의미한 일련의 학습이론과 현장연구를 통해 문제해결의 실마리를 찾는 것에 주력하는 학습방법이며, 학습자들은 질문과 아이디어를 내어 예측, 계획수립과 실험, 정보수집, 데이터 분석, 결론 도출, 협력학습을 통해 문제의 해결책을 찾아나가게 된다. 다음 표 11-1은 프로젝트학습에 대한 정의를 제시하고 있다.

표 11-1 프로젝트기반학습의 정의

학 자	상세 내용
Laffey(1988)	학습자 스스로 장기간 동안 과제해결을 위해 문제진단, 문제해결의 틀을 구조화하는데 주안점을 두는 학습형태
Blemenfeld 등(1991)	학습자가 실제적인 문제를 연구하도록 설계된 교실상황에서의 교수학습에 대한 포괄적인 접근방식
Krajcik 등(1994)	학습자가 실제적인 문제를 연구하는데 초점을 둔 학습형태
Simkins(1999)	학습자가 학습을 설계하고 계획하며 결과물이나 수행을 만들어내는 과정에서 새로운 지식과 기술을 습득하는 교수방법

자료: 한국교육정보학회(2004)

3) 프로젝트기반학습의 유형

세 가지 유형의 프로젝트기반학습을 제시하고 있다(Morgan, 1983).

첫째, 프로젝트 과제를 중심으로 설계된 수업형태가 있다. 이는 전형적인 프로젝트기반 수업 형태로, 학습자가 이미 알고 있는 지식을 적용하고 활용해서 프로젝트 과제를 해결하는 것을 목적으로 한다.

둘째, 문제해결능력과 독립적인 과제수행능력 향상을 목적으로 설계된 프로젝트기반 수업 형태가 있다. 이러한 형태의 프로젝트기반학습에서는 '실제 세계'의 쟁점들이 프로젝트의 연구 주제가 되며 그러한 쟁점들을 해결해가는 과정은 학제적 연구의 형태를 띠게 된다.

셋째, 교육과정 차원에서 설계된 프로젝트기반 수업형태가 있다. 이러한 형태의 수업에서는 학습자가 완성해야 할 프로젝트를 중심으로 수업이 운영된다. 즉, 학습 자료는 프로젝트 주제를 탐구하는데 필요한 지식들로 구성되며 수업은 프로젝트 진행과정을 중심으로 운영된다.

4) 프로젝트기반학습의 핵심 요소

프로젝트 학습의 핵심적인 요소는 다음과 같다(김대현 등, 2001).

첫째, 학습자가 학습의 전 과정에 주도적으로 참여하게 된다. 여기서 주도적으로 참여한다는 것은 학습자가 학습의 전 과정에 의사결정권을 행사할 수 있는 기회를 가지며, 또한 학습에 대한 책임도 동시에 가진다는 의미이다.

둘째, 주제, 제제, 문제, 쟁점 등에 대한 탐구활동과 그 결과에 대한 표현활동을 하게 된다. 프로젝트 학습에서 생각할 수 있는 탐구활동이란 문헌조사, 현장조사(현장활동과 견학활동), 현장 실험, 면담 등의 다양한 방법을 활용하어 그 결과를 토의하고 분류하고 정리하는 활동을 의미하며, 표현활동이란 언어, 숫자, 소리, 그림, 입체, 신체 등의 자료 형식을 만들고, 이를 동료와 교사 그리고 학부모에게 발표하기, 전시하기, 극 활동하기 등의 다양한 방법으로 제시하는 활동 등을 의미한다.

셋째, 프로젝트학습은 만들어가는 교육과정으로도 볼 수 있다. 프로젝트학습의 이러한 특성은 학습자 주도성이라는 요소와 탐구 및 표현활동이라는 요소의 성격에 의하여 뒷받침된다.

5) 프로젝트기반학습에서 학습자의 활동

프로젝트기반학습에서 학습자들은 프로젝트 과제를 해결하기 위해 다양한 활동을 수행한다. 즉, 프로젝트 과제를 해결하기 위해 자료를 수집하여 질문을 만들고 서로의 의견을 나누며, 예측하면서 실험을 설계하고 정보들을 모아 데이터를 분석하고 결론을 이끌어내는 일뿐 아니라 자신의 생각과 결과를 다른 사람과 공유하는 조사, 연구 활동 등을 수행하게 된다.

프로젝트학습에서 학습자들이 사용하는 학습방법은 개념을 배우며 정보를 공유하고 활용하는 방법뿐만 아니라 의문점이나 문제들을 다룰 때 다양한 방법으로 지식을 표현하는 보조물들을 제대로 활용하는 방법도 포함된다.

2 프로젝트기반학습 모형의 이해

1) 프로젝트기반학습 모형의 단계

학습단계에 따른 프로젝트 학습모형과 특성은 다음 표 11-2와 같다(Fried-Booth, 1986).

표 11-2 프로젝트 학습모형

단 계	상세 내용
준비활동 (warm-up) 단계	프로젝트학습활동을 시작하기 전에 학습자들의 학습동기를 유발시키는 간단한 활동을 하며 그 시간의 학습목표와 학습과제를 설명하고 평가내용들을 제시. 동기유발 활동에서는 학습자 개인의 경험과 관련하여 질문을 하기도 하고 그룹원들 간에 질문을 유발하게 하여 프로젝트 활동을 실시하기에 앞서 주제에 대한 학습자들의 선행지식을 풍부하게 활성화시킴.
사전활동 (pre-project activity) 단계	소집단별로 프로젝트 수행을 위한 소주제를 정한 뒤에는 브레인스토밍 활동을 통해 소주제와 관련된 주제망을 구성하도록 하고 학습자 개개인의 경험과 배경지식을 결합할 수 있도록 교사가 조언을 해 줌. 교사는 브레인스토밍 활동이 원활하게 이루어지도록 하기 위해 학생들에게 필요하다고 판단되면 관련 정보를 제공하기도 하고 정보출처에 관해 조언을 해 주기도 함. 프로젝트를 진행하는데 필요한 어휘나 문장들을 칠판에 판서를 하고 프로젝트 활동에 꼭 필요한 유용한 표현은 간단하게 설명하며 개인적으로 연습할 수 있게 함.
프로젝트활동 (project activity) 단계	프로젝트 사전 활동을 통해 학생들이 프로젝트 주제망을 구성하고 프로젝트 수행에 필요한 주요 어휘 및 표현들을 개별적으로 연습한 뒤에는 그룹별로 다양한 프로젝트활동을 전개해 나감. 프로젝트활동은 프로젝트를 해결하기 위한 개인 또는 그룹별 활동으로 토론 활동과 자료수집 및 분석, 정리, 결과물 제작 등이 포함됨. 소주제에 따른 질문 내용을 위해 조원들의 다양한 의견수렴이 필요하며 발표 시 어떤 매체를 사용하여 발표할지를 그룹별로 토의하여 선정하게 함.
평가 (evaluation) 단계	프로젝트 시간에 진행된 활동들에 대해 그룹별로 평가함. 평가활동을 통해서 학습자들이 프로젝트 수업 진행과정을 스스로 평가하고 반성할 수 있는 기회를 제공해 줌. 학습자들은 교사 또는 동료의 피드백을 참고하여 부족한 점을 보완·개선함. 평가활동은 다음 활동을 위해 참고할 점과 개선점을 제공해주고 자신들의 활동 결과에 대해 좀 더 객관적으로 판단할 수 있게 해 줌. 평가활동에 참여하여 수업에 대한 참여의식도 높일 수 있으며, 그룹 활동의 미흡한 점을 수정, 보완할 수 있는 계기 제공.

2) 프로젝트기반학습의 특징

프로젝트기반학습의 특징을 다음과 같이 제시하고 있다(한국정보교육학회, 2004).

첫째, 프로젝트기반학습을 위한 문제는 실생활과 관련된 상황 맥락적이며, 가치 있는 내용들이 포함된 실제적인 문제이어야 하며, 학생들이 인지전략과 인지적 도구를 사용하여 문제해결을 위해 연구를 설계하고 수행할 수 있는 것이어야 한다. 또한 현실적 여건을 감안하여 학생들이 충분히 수행할 수 있는 것이어야 하며, 학습자들이 흥미롭게 접근할 수 있는 성격의 문제를 선정해야 한다.

둘째, 프로젝트기반학습의 결과물은 학생들이 직접 개발해 내도록 해야 한다. 이러한 구체적인 결과물을 통해 학생들은 학습과정과 최종 결과물을 스스로 평가해보고 보다 심층적인 깨달음을 얻을 수 있게 된다.

셋째, 프로젝트기반학습은 학생들이 사물에 대해 깊고 지속적이며 보다 심층적인 이해를 촉진할 수 있는 문제를 제시해야 한다. 학생들이 단순히 교과서에 나오는 정선된 내용의 암기보다는 학습내용의 핵심에 도달할 수 있는 질문들을 통해 의구심을 갖고 지속적으로 탐구할 수 있는 문제가 제시되어야 한다.

넷째, 프로젝트기반학습을 수행하기 위해 학습자는 질문들을 만들고 상호교환하며 정보수집, 분석을 통해 결과를 도출하게 된다. 이때 학습자는 동료학습자뿐만 아니라 교사 및 주변의 다른 내용전문가들의 다양한 의견을 수렴할 필요가 있는데 정보통신기술을 활용할 경우 문제해결을 위해 협력하는 학습공동체를 형성할 수 있다.

e-Learning

Chapter 12

자원기반 학습전략

Chapter 12

자원기반 학습전략

1 자원기반학습(resources based learning)의 이해

1) 자원기반학습의 정의

자원(resources)이란 학습과 유관되어 있는 주제나 이슈를 갖고 있는 정보로써, 텍스트, 이미지, 동영상, 오디오, 플래시 등 다양한 형태로 제시될 수 있다. 흔히 자원은 학습자료라고 불리며, 학습주제와 유관된 주제, 이슈의 연계성이 반드시 있어서, 학습자가 학습의 이해, 심화, 탐구활동 시에 도움이 될 수 있어야 한다.

자원기반학습(resources based learning)은 학습의 주제와 관련된 다양한 학습자원을 제공하고, 이를 활용하여 학습을 수행하는 방법이다. 자원기반학습은 학습자가 자신의 학습 진도와 학습활동 선택에 대한 자유를 부여 받고 스스로 다양한 학습자원과의 직접적인 상호작용을 통해 이루어지는 학습 방법이다.

자원기반학습은 기본 원리와 개념학습 이상의 수준으로 학습주제를 선정하여 심화, 연구하거나 새로운 대안을 제시하는 학습의 경우에 적합하다. 특히, 외부의 다양한 자원과 정보를 학습의 자원으로 활용하여 다양하고 창의적인 문제해결이 가능하도록 지원할 수 있다. 예를 들면, 기본적인 내용을 전달하는 데 초점을 맞춘 수업보다는 대학원 수업과 같이 기본 내용은 이미 학부과정에서 이해한 후에 다양한 학습자원을 활용한 심도 있는 문제를 해결하는 수업에 활용될 수 있다.

2) 자원기반학습의 특징

자원기반학습은 학습활동 과정에서 다양한 유형의 학습자료를 활용하여 해당 학습목표를 성취하는 것으로 다음과 같은 특성을 갖는다.

(1) 다양하고 방대한 자료 제공

학습자원과 매체, 기술의 통합을 사용하여 다양하고 방대한 자료의 제공이 가능하다.

(2) 정보자원과 상호작용

정보자원을 탐색, 활용하면서 외부의 다양한 학습자원들과 직접적인 상호작용이 발생한다.

(3) 학습진도와 학습활동의 선택

학습자들의 자신의 능력에 맞게 목표를 수립하고 진도를 조정할 수 있다. 학습양식, 능력, 관심 등 개인의 필요와 요구에 따라 맞춤화가 가능하다.

(4) 학습내용 및 정보활용 능력 습득

학습자 스스로 자신만의 자원을 찾아내고 선택하여 학습해 가는 과정에서 자연스럽게 학습이 수행되며, 이렇게 학습된 것은 더 손쉽게 전이되고 응용될 수 있다. 정보의 탐색, 평가, 획득하는 절차를 통해 독립적 학습자로 성장시키는 것이 가능하다.

(5) 연구 및 탐구능력 향상

다양한 학습자원을 활용하므로 자료의 판단, 분석을 통해 학습주제에 대한 연계성을 확보하고 학습탐구를 심화할 수 있다. 다양한 정보를 연구 및 학습주제에 맞게 조직하고 관리하여 새로운 지식을 창출할 수 있다.

2 자원기반학습의 과정

1) 자원기반학습의 교수–학습 프로세스

자원기반학습의 교수–학습 프로세스는 도입, 진행 및 마무리단계로 구성된다. 도입단계는 학습준비, 자원소개 및 계획수립의 절차로 구성된다. 학습진행 단계는 자원탐색 및 수집, 자원분류 및 선별, 과제해결방법 도출의 절차로 구

교수–학습 프로세스

단계	도입			진행			마무리	
	학습 준비	자원 소개	계획 수립	자원탐색 및 수집	자원분류 및 선별	과제해결 방법도출	정 리	평 가
학습활동	자원기반 학습방법 이해	세부 과제, 일정, 평가 기준 확인	자원 학습계획 수립	학습주제와 관련된 학습자원 및 출처 확인	수집된 자원연구	과제해결 방법 수립	제출된 산출물 공유 및 상호 피드백 교환	산출물에 대한 개별 상호평가
	학습목표 이해	확습자원 확인	학습계획 수립 공유 및 제출		자원분류, 선별		주요 학습 내용 종합 정리, 학습	
	학습과제 확인		팀 활동계획 수립 (역할분담 등)	학습자원 탐색·수집	자원 통합 및 공유	과제해결 완료	학습에 대한 성찰	팀별 과제에 대한 상호평가
	팀 편성			팀 내 공유 및 진행 상황 검토	팀 내 공유 및 진행 상황 검토	팀 과제 최종완료	팀 학습 성찰	팀원들 간의 기여도 상호평가
교수활동	학습방법 및 활동 안내	세부 과제, 일정, 평가 기준 제시	자원 학습계획 수립 안내	학습주제와 관련된 학습자원 및 출처 제공	자원분류 및 자원의 선별활동, 연구활동에 대한 개인·팀 관찰 및 중간 결과물에 대한 코칭 및 지도	과제해결 방법 결정에 대한 관찰 및 코칭	전체 학습과정 및 산출물에 대한 종합 피드백 제시	최종 종합 평가
	학습목표 제시	학습자원 소개	학습계획 수립 코칭, 안내					
	학습과제 제시		팀 활동계획 수립 확인	학습자원 탐색 코칭		과제 해결안 도출에 대한 지도	주요 학습내용 정리	과제별 상세 피드백 작성 및 제시
	팀 활동 안내		팀 활동 관련 추가 안내	팀 내 공유 활동 현황 코칭	팀 내 공유 활동 현황 코칭	팀 과제 최종확인	성찰 활동 안내	

▒ 팀 활동이 있는 경우만 해당됨

그림 12–1 자원기반학습의 프로세스

자료: S사이버대학교 종합정보시스템 자료집

성된다. 마무리단계는 정리(wrap-up)와 평가의 절차로 구성된다. 각 단계별로 구체적인 교수활동과 학습활동은 그림 12-1과 같다.

도입단계는 학습준비, 자원소개 및 계획수립의 절차로 구성되는데, 학습준비 과정에서는 자원기반학습방법에 대해 이해하고, 학습과제가 무엇이며 이를 통해 달성하고자 하는 학습목표를 확인한다. 또한, 학습과제를 수행하기 위한 팀을 구성하는 활동을 수행한다. 자원소개과정에서는 자원기반학습을 통해 해결해야 할 세부 과제와 일정, 평가 기준을 확인하고 활용 가능한 학습자원을 소개한다. 계획수립과정에서는 해당 과제를 수행하기 위한 학습일정을 상세하게 수립하고 공유하는 활동을 수행하게 된다.

학습진행 단계는 자원탐색 및 수집, 자원분류 및 선별, 과제해결방법 도출의 절차로 구성되는데, 자원탐색 및 수집과정에서는 학습주제와 관련된 학습자원의 출처를 확인하고 학습자원을 수집하여 팀원들이 상호간에 공유하고 활용할 수 있도록 한다. 자원분류 및 선별과정에서는 수집된 학습자원을 팀원들이 공유하여 해당 주제를 해결하는 과정에서 활용할 수 있도록 분류하고 통합하는 등의 활동을 수행한다. 과제해결방법 도출과정에서는 팀원들의 공동 작업을 통하여 과제를 해결하기 위한 방안을 도출하고 이를 기반으로 과제를 해결하는 활동을 수행한다.

마무리 단계는 정리(wrap-up)와 평가의 절차로 구성되는데, 정리과정에서는 제출된 결과를 팀들 간에 상호 공유하고 이에 대해 피드백하며, 주요 내용은 종합하고 정리한 후 학습과정과 결과물에 대한 성찰을 수행한다. 마지막으로 평가과정에서는 자원기반학습의 결과물에 대한 개별 상호평가와 팀별 상호평가를 수행하고 팀원들 간의 과제에 대한 기여도를 상호 평가한다. 이와 같은 과정을 거쳐서 자원 기반 학습은 수행된다.

2) 자원기반학습의 설계

자원기반학습의 설계는 학습목표와 내용 설계, 학습과제와 학습자원 설계, 학습환경 설계, 수업운영 설계 및 평가전략 설계로 구성되며, 다음 표 12-1과 같다.

표 12-1 자원기반학습의 설계

구 분	단 계
학습목표와 내용설계	• 자원기반학습의 기대 효과를 학습목표에 반영 • 학습자 사전지식 수준과 학습자원을 선별, 활용의 수준을 결정 • 학습자원을 탐색하고, 수집하는 활동을 학습의 주요 내용으로 구성
학습과제와 학습자원 설계	• 학습자원을 활용하여 도출할 수 있는 결과를 과제로 연결할 수 있게 과제를 선정 • 학습자원으로 사용될 자원의 수준, 위치, 종류, 형태 등의 범위를 결정 • 학습자원의 전달보다 제공된 자원의 사전준비에 집중
학습환경 설계	• 설계된 학습자원과 상호작용적인 매체와 공학기술을 통합하여 학습자 중심의 학습을 증진하도록 함 • 자원을 수집하고, 선별하여, 학습과제에 적합한 정보의 형태로 변경할 수 있는 환경이 될 수 있도록 함
수업운영 설계	• 자원기반학습이 목적에 맞게 진행될 수 있도록 학습 가이드를 제시 • 학습자원의 탐색과 수집에만 집중되지 않도록 운영전략에 반영 • 학습자원들을 자원의 특성과 범위에 맞게 선정하여 제공
평가전략 설계	• 학습자원을 탐색하고 수집하는 것에만 집중되지 않도록 평가전략 수립 시 고려 • 제시된 자원을 갖고 무엇을 어떻게 활용했는지를 교수자가 세심하게 관찰하여 평가에 반영 • 학습자의 자기성찰을 평가의 일부로 포함

Chapter 13

사례기반 학습전략

Chapter 13

사례기반 학습전략

1 사례기반학습(case based learning)의 이해

1) 사례기반학습의 정의 및 특성

사례기반학습은 현재 직면한 문제를 해결하도록 하기 위해 충분하고 다양한 사례를 습득하도록 하고 이러한 사례 중 문제 상황과 유사한 사례를 검색한 후 그 사례를 직접 또는 부분적인 수정을 통해 문제해결에 이용하게 하는 교수-학습방법으로 정의한다(임영택, 2009). 사례중심학습 모형은 학습자가 복잡한 문제를 해결하는 능력을 갖도록 하기 위해서 유사한 사례를 제시하여 학습을 유도하는 모형이라고 말할 수 있다. 이런 측면에서 사례중심학습은 문제기반학습(PBL)의 한 형태로 볼 수 있으며 실제 문제해결능력을 길러 줄 수 있다는 측면에서 구성주의 연구에서 선호하는 수업모형 중의 하나이다(Barrows, 1986; 김회수 외, 2007, p.145). 사례기반학습은 새로운 요구에 대응하는 과거의 해답을 채택하거나, 과거의 사례를 이용하여 새로운 상황을 설명하거나, 과거의 사례로 새 해답을 평가하거나, 또는 새로운 상황을 이해하기 위해서나 새로운 문제에 대한 적당한 해답을 만들기 위해 선례로부터 추정하는 것을 의미한다(Kolodner, 1993).

이와 같은 사례기반학습의 특성은 다음 표 13-1과 같이 정리할 수 있다.

표 13-1 사례기반학습의 특성

학 자	특 성
Riesbeck & Schank (1989)	사례기반학습은 과거의 어떤 문제를 해결하기 위해 사용했던 경험을 바탕으로 새로운 문제를 해결하는 학습방법
Konton (1988)	사례기반학습은 문제해결에 필요한 일정한 규칙을 찾기 힘든 문제 영역에 적절한 교육적 방법으로 판명
Turban (1992)	과거의 경험으로부터 효과적인 의사결정을 이끌어 낼 수 있는 경우에 매우 효과적으로 문제해결 할 수 있음

사례기반학습은 사례 자체를 학습하는데 그치는 것이 아니라, 새로운 문제 상황에 직면했을 때 그것을 해결하는 방안으로 과거의 경험, 특히 과거에 그 문제 상황과 동일한 혹은 유사한 상황을 어떻게 해결하였는지에 대한 사례를 이용하여 새롭게 직면한 문제를 해결하는 시적 활동이다. 사례기반학습에서는 사례를 습득하고, 습득한 사례를 문제의 해결에 적용하기 위해서 교수자에 의한 일방적인 전달이 아니라 학습자에 의해 이루어지는 학습참여 활동과 유의미한 지식구성 활동을 강조한다. 따라서 사례중심학습이란 사례를 통해 실제 세계에서 발생하는 문제에 대한 기술, 개념, 이론을 학습하여 문제해결력을 향상시킬 수 있는 학습방법이다(Katherine, 1996).

2) 사례기반학습의 적용

사례기반학습은 어떤 학습 상황에서도 적용할 수 있으나, 특히 인과구조가 완벽하게 이해되지 않은 상황에서 문제를 해결해야 하는 경우에 유용하게 사용될 수 있다(정옥년, 2000). 실제 세계에서 발생하는 사건들은 복잡하고, 때론 불완전하게 이해되기 때문에 순간적으로 일반적인 원리를 추출하기는 쉽지 않다. 사례기반학습에서는 새로운 상황 맥락 속에서 과거의 경험을 참조하여 결론을 도출할 수 있는 이점이 있다(Leake, 1998). 대표적인 예로 법과대학의 판례중심학습이나 의과대학의 환자 사례중심학습이 사례중심학습에 해당한다고 할 수 있다. 사례중심학습은 법률, 의학, 경영, 엔지니어링과 같은 특수한 전문분야에서 결과를 예상하기 위한 변인이나 사실을 학생들에게 제공하여 학생들의 문제해결 기술을 향상시키기 위해 사용되었다(Skyes & Bird, 1992). 사례중심학습은 이러닝 혹은 블랜디드 학습 환경에서 모두 사용이 가능하다. 그 이유는 사례 제시에서 단순한 텍스트 형식보다는 비디오나 그래픽, 오디오, 애니메이션의 요소를 복합적으로 사용하는 멀티미디어 학습환경이 바람직하기 때문이다(Bennett, Harper & Hedberg, 2002). 특히 온라인 환경은 다양하고 풍부한 유형의 사례를 실감 있게 제시할 수 있고 시공을 초월하여 다양한 배경을 가진 학습자들끼리의 사례탐구활동을 촉진할 수 있다.

2 사례기반학습의 설계

1) 사례의 특성

사례기반학습은 과거에 경험한 사례를 통해 학습자가 현재 직면한 문제를 해결하기 위한 일련의 체계적인 프로세스이다. 사례기반학습은 사례에 의존하여 문제를 해결하게 된다.

사례는 지식, 기술, 방법, 전략 등 문제해결에 필요한 구성요소가 포함된 형태로 포괄적으로 구성될 필요가 있다. 사례는 문제와 문제 상황, 문제를 해결하기 위한 해결방안과 해결방안의 실행결과가 포함되어 있는 형태로 구성된다(Kolodner, 1993). 또한 사례 속에는 선언적, 절차적 지식과 더불어 문제 상황의 분석을 위한 프레임워크, 문제해결에 영향을 미치는 핵심적인 변수, 문제를 해결하기 위한 효과적인 접근법과 같은 전략적인 요소들이 함께 포함되어 있다.

사례기반학습에서 사용되는 사례란 일상의 삶에서 실제로 일어난 사건이나 상황에 대한 예시를 의미한다. 사례는 문제해결을 위해 어떤 지식이 어떻게 적용되고, 어떤 전략들이 사용되며, 실제 과제가 어떻게 수행되는지에 대한 정보가 포함된다(Kolodner, 2000). 사례는 실제 사건 혹은 가상의 사건이 모두 사용하기 좋으며 신문기사, 방송물, 개인적 경험, 우화, 인터뷰 내용 등을 사용한다.

사례가 지식과 이해를 증진시킨다고 주장하면서 사례를 사용하는 목적과 방법 두 가지를 제시하고 있다(Doyle, 1990). 하나는 실천현장을 분석, 해석하고 문제해결 기회를 제공하는 이전의 사례로 사용하는 것과, 다른 하나는 실천 현장에서 일어나는 사건에 관한 핵심적인 지식을 전달하는 일종의 틀로서 사용할 수 있다. 여기서 사례는 현장의 문제 상황을 분석할 수 있는 데이터를 제공하며, 실제 현장의 모호성과 복잡성을 이해하는데 도움을 준다. 따라서 사례중심학습은 이론과 현실과의 차이를 극복하고 이들을 연결하게 해주는 효과적인 학습방법이다.

2) 사례의 구성 방식

사례는 여러 가지 방식으로 구성될 수 있다. 특히, 기억의 구성방식과 사례의 구성방식은 상호간에 관련성이 있다고 볼 수 있다(Schank, 1999). 이는 사례의 구성방식은 학습의 결과로서 기억 구조에 유의미한 차이를 불러올 수 있기 때문이다. 사례와 구성요소들이 적합한 위치에 저장되어 있어야만 관련된 문제 상황이 발생할 때 적절하게 과거의 사례를 활용할 수 있기 때문에 사례를 잘 활용하기 위해서는 사례의 기억구조와 유사한 방식으로 사례를 구성하는 것을 고려해 볼 수 있을 것이다.

첫째, 사례를 의미론적으로 조직화하여 제시하는 방법(의미론적 구성)은 사례의 이야기 구조를 해체하여 사례의 도입부, 사건의 개요, 구성요소 간의 관계, 해결방안과 실행 결과 등으로 조직화하여 제시하는 것으로, 사례를 하나의 단위로 기억하기보다는 구성요소들이 분절되어 기억될 가능성이 높아지게 될 것이다(Ross & Spandling, 1994).

사례를 구성하는 요소들의 범맥락적 활용을 위해 구성요소들이 다양한 영역으로 나뉘어 인지구조에 통합되어 저장될 수 있다. 예를 들어, '교통사고의 처리'라고 했을 때 도로교통법과 같은 법률적 지식, 부상자와 관련된 의학적 지식, 교통사고 처리 시의 일반적 절차 등의 내용 영역별 지식이 기억 구조에 각기 분산되어 기억될 수 있다(Ross & Spandling, 1994). 이는 장기기억에서 의미론적 기억과 관계가 있다.

둘째, 사례를 조직화하는 수준은 낮지만 맥락이 살아있는 일화적 구조로 제시하는 방법, 즉 사례를 비조직화하여 일화적으로 제시하는 방법(일화적 구성)이다. 사례의 구성이 이야기에 기반하여 사례를 구성하는 요소들의 조직화 수준이 상대적으로 낮게 제시된다면 그 사례는 하나의 기억 단위로서 저장될 가능성이 높을 것이다(Schank, 1999). 이 방법을 통해 사례 자체가 하나의 단위로 기억구조에 저장될 수 있다. 이러한 사례들이 스키마(schema)의 한 유형인 스크립트의 형태로 구조화되어 저장된다고 가정하였다(Schank, 1999). 이러한 스크립트는 행위의 절차와 지식의 집합 형태로 진술되는 특정 상황에 대한 원형적 지식(prototypical knowledge)을 의미한다(조일현, 2003). 이는 장기기억에서 일화적 기억과 관련이 있다.

다음 표 13-2는 사례의 구성방식에 따른 특성을 정리한 것이다.

표 13-2 사례의 구성방식에 따른 특징

구 분	사례를 조직화하여 구성하는 방식 (의미론적 구성)	사례를 비조직화하여 구성하는 방식 (일화적 구성)
주 요 특 징	• 의미론적 기억과 연관 • 추상성과 일반성 강조 • 추상적 정보를 담고 있는 보편구조의 형태로 저장 • 사례를 구성하는 요소들의 독립성 강조	• 일화적 기억과 연관 • 구체성과 특수성 강조 • 특정 상황과 정보의 원형적 스크립트 형태로 저장 • 사례를 구성하는 요소들의 종속성 강조
장 점	• 의미론적으로 유목화하여 제시하여 저장 단계에서 인지적 부담을 줄일 수 있음 • 사례의 구성요소들을 범맥락적으로 활용할 수 있는 가능성이 높아짐	• 이야기 구조 속에서 사례를 구성하는 요소들을 습득하여 용례를 정확히 이해하고, 활용할 수 있음 • 동일 내용 영역의 문제해결에서 실질적인 도움을 얻을 수 있음
단 점	• 사례의 맥락이 일부 훼손되어 기억되면 적용 및 실행에 어려움을 겪을 수 있음 • 지나친 의미론적 구성은 학습자의 자발적인 참여활동을 자제하고, 일방적인 내용전달이 될 수 있음	• 맥락 의존적이며, 구체성이 높아 내용적 영역이 다를 경우 전이에 어려움을 겪을 수 있음 • 해당 영역에 대한 지식이 부족할 경우 이야기 구조 이면의 의미론적 구조를 부정확하게 이해할 수 있음

3) 사례기반학습의 과정

사례기반학습에서 학습과정은 다음 표 13-3과 같은 절차로 이루어진다.

표 13-3 사례기반학습의 절차

절 차	설 명
새로운 문제와 문제 상황 확인하기	학습자가 직면하는 또는 해결해야 하는 새로운 문제 상황을 의미함. 1단계에서는 문제 및 문제 상황을 확인하고, 문제의 전반적인 이해를 위해 문제를 구성하는 요소를 분류하고, 요소들 간의 관련성을 관찰, 조사하는 활동이 이루어짐
사례 습득하기	추론 알고리즘을 통해 사례 베이스(case base)나 사례 도서관을 탐색하여 사례를 습득하는 방식과 교수학습 원리에 의해 설계, 개발된 사례기반학습 프로그램을 통해 사례 습득. 학습자는 새롭게 습득한 사례를 기존의 사례와 통합하고, 조정하는 작업을 진행
유사사례 활용하기	제시된 문제와 문제 상황에 대한 전반적, 심층적 검토를 토대로 이와 유사한 기존 사례를 검색하고, 탐색하여 유사성과 차이점을 확인하는 단계. 확인단계에서 기존 사례의 조건, 상황, 해결방안, 실행결과 등도 비교 검토
제안된 해결방안 제시하기	유사한 사례로부터 수정 작업을 거쳐 도출된 해결방안을 의미하거나 제안된 해결방안이 문제해결에 실패하여 다시 수정된 해결안을 뜻함. 기존의 사례와 직면한 문제가 비슷하면 할수록 제안된 해결방안은 인출된 사례 속의 해결방안과 비슷할 것임
확정된 해결방안 제시하기	문제해결에 성공한 해결방안임. 확인된 해결방안이라고 해서 반드시 직면한 문제를 완벽히 해결할 수 있는 모범적인 해결방안은 아님. 문제 상황에 직면한 학습자에게 그 문제와 문제해결에 의미 있는 해결방안이면 모두 확인된 해결방안으로 규정 가능. 수정은 거쳤지만 직면한 문제를 해결하지 못한 경우도 포함

사례 습득하기 과정에서 사례 베이스는 다양한 사례들이 체계적으로 수집되고 조직화된 결과이다. 또한 문제를 해결하거나 결정을 내리는 등의 과업을 수행해 가는 도중에 얻어진 경험으로서 이야기의 형태로 구성되어 있다(Edelson, 1992). 이러한 사례는 반드시 학습자가 경험한 것일 필요는 없으며, 타인의 경험도 사례 베이스에 축적이 가능하다. 사례 도서관으로 명명하는 경우도 있다(조규락, 2002).

유사사례 활용하기 과정에서 유사한 사례들은 검색 및 인출 단계를 거쳐 나온 산출물이다. 유사한 사례들은 학습자의 사례 베이스에 저장되어 있던 학습자에게는 의미있는 사례이며, 직면한 문제에 대한 학습자의 표상(representation)을 반영한다. 경험이 사람마다 다른 만큼 그리고 문제를 표상하는 방법이나 내용이 사람마다 다른 만큼 유사한 사례들은 학습자마다 다를 수 있다.

참고문헌

국내문헌

가은희, 이인숙(2002). 온라인 교수자의 역할 및 역량규명을 위한 델파이연구. 한국교육공학회 추계학술대회자료집, 95-125.

강인애(2003). PBL의 이론과 실제. 문음사.

교육과학기술부(2011). 사이버대학 학사편람. 교육과학기술부 지식정보기반과.

김대현, 허승희, 황희숙, 김광휘, 이영만(1998). 열린 수업의 이론과 실제. 학지사.

김성완, 박종선, 서순식, 이영민, 이현경(2009). 구성주의 기반의 교수학습전략수립. (사)한국이러닝산업협회.

김소희, 한정선(2007). 사이버대학 학습자의 성격유형, 자기주도성, 정보기술에 대한 태도 및 자기효능감과 학업성취도 간의 관계 규명. 교육정보미디어연구13(2), 79-106.

김신자, 이정민(2003). 웹 기반 토론에서 성격유형에 따른 집단구성방식이 상호작용에 미치는 영향. 교육과학연구34(2), 23-39.

김종백(2004). 구성주의에 근거한 문제중심학습의 실천적 과제와 대안의 모색. 교육심리연구18(1).

김회수, 임병노, 이상수, 허희옥(2007). 차세대 고등교육 e-러닝 교수 학습 모델 개발 연구. 한국교육학술정보원 연구보고 CR 2007-15.

김희배, 박인우, 임병노(2005). 대학 e-러닝 콘텐츠 공동 개발 및 활용 유통 활성화 방안 연구. 한국교육학술정보원 연구보고 CR 2005-21.

박인우(1998). 대학교육에서 학습자간 가상토론을 활용한 가상조언 사례 연구. 한국교육공학회 1998년도 하계 학술세미나 발표자료, 15-35.

박인우(2001). Web 활용을 통한 교실 수업 방법 개선. 전북 교육: 정보/Web 교수학습 자료, 6-12.

박종선(1998). 네트워크기반의 교수학습을 위한 가상학습지원시스템 플랫폼 설계. 교육공학연구14(1), 71-96.

박종선(2008a). 원격대학 콘텐츠 개발을 위한 교수-학습모델 세미나 자료집. 한국교육학술정보원.

박종선(2008b). The Study of Faculty's Role for Online Instruction in Cyber University. International Journal of Ubiquitous Computing and Internationalization 1(1), 43-48.

박종선(2008c). 사이버대학 학생의 학습스타일과 학습참여활동의 관계 탐색. 한국교육정보미디어학회 추계학술대회발표논문집, 107-115.

박종선(2008d). 원격대학 학습자들의 이러닝준비도와 학습활동의 관계 탐색. 한국컴퓨터교육학회 하계 학술발표논문집12(2), 347-351.

박종선(2009). 사이버학습의 이해–지식기반사회의 자기개발을 위한 학습전략. 교육과학사.

박종선(2010). 온라인 교수자의 전문성 개발을 위한 탐색적 연구. 한국기업교육학회, 100-111.

박종선, 이영민(2010). 사이버대학 성인학습자의 이러닝 준비도와 학습활동 분석. 한국컴퓨터교육학회 논문지13(4), 51-59.

송상호, 박종선, 채보영, 이규상(2005). 사이버가정학습 운영지침서. 한국교육학술정보원.

엄우용, 최은희(2001). 웹 기반 온라인 토론에서 성격특성과 익명성이 문제해결력에 미치는 영향. 교육정보방송연구7(4), 55-89

오상철, 이문복(2009). 중·고등학생의 자기주도 학습 능력 향상 방안 연구, 연구보고 RRI 2009-8. 한국교육과정평가원.

오인경(1998). 웹기반 교육에서의 촉진자의 역할 및 필요능력. 한국기업교육학회1(1), 125-142.

유영만 역(2001). e-Learning- 디지털 시대의 지식 확산 전략. 물푸레출판사

유평준(2003). 원격대학원 온라인 수업의 학습참여도, 학업성취도, 및 학습만족도에 미치는 학습자 관련 변인. 교육정보방송연구9(4), 229-267.

이수경, 오영훈 외(2006). E-Learning과 인적자원개발 한국직업능력개발원.

이승희, 김동식(2003). 웹기반 학습환경에서 협력적 성찰이 문제해결 수행 및 과정에 미치는 영향. 교육공학연구19(1), 131-159.

이용남 역(2005). 인지심리와 교수-학습. 교육과학사

이원이(2002). 학습전략 프로그램의 효과에 관한 메타분석. 서울대학교 석사학위논문.

이의길(2006). 온라인교육에 대한 교수자 인식 및 수업전략. 교육정보미디어연구12(1), 87-105.

이인숙(2000). 사이버공간에서 나타나는 학습전략의 성차에 관한 연구. 교육공학연구 16(1), 179-199.

이인숙(2003). E-Learning 환경에서의 자기조절 학습전략, 자기효능감과 E-Learning 학습전략 수준 및 학업성취도 관련성 규명. 교육공학연구19(3), 41-68.

이지연, 이재경(2005). 이러닝의 개념화를 위한 일 고찰. Interdisciplinary Journal of Adult & Continuing Education 8(3), 1-31.

이화진 외(1999). 초등학교 학습부진아용 교수-학습자료개발. 한국교육과정평가원

임병노(2005). 토론기반의 온라인학습환경에서 교수자 역할과 운영전략. 교육발전연구 21(1), 79-100.

임연욱, 이옥화(2008). 사이버 학습자의 학습참여도, 학습만족도, 학업성취도 간의 관계 연구. 열린교육연구16(2). 177-200.

임영택(2009). 사례기반학습에서 사례의 구성방식과 추론활동 지원도구가 학습결과에 미치는 효과. 한양대학교 대학원 교육공학과 박사학위 논문.

임정훈(1999). 웹 기반 가상수업에서 온라인 토론 촉진을 위한 설계전략 탐색. 한국교육학회 교육학연구37(2), 249-270.

임철일(2002). 자기조절학습을 지원하는 웹 기반 학습관리체제(LMS) 및 운영 전략의 특성과 효과, 2002년 한국기업교육학회 추계학술대회 발표논문집, 43-60. 한국기업교육학회.

장은정(2007). 2006년 개발 국가 지원 원격대학 콘텐츠 만족도 조사. 한국교육학술정보원 연구보고 CR 2007-8.

장은정, 서윤경, 정효정(2010). 사이버대학생의 인구통계학적 변인에 따른 이러닝 콘텐츠 만족도와 효과성 분석. 교육공학연구26(1). 57~85

장정아(2005). 웹기반 PBL에서 튜터의 역할수행에 대한 사례연구. 교육공학연구21(3), 97-129.

정봉영(2004). 사이버대학 학습자들의 인구학적 특성에 따른 학업성취도와 수업만족도 분석. 교육정보미디어연구10(3), 127-150.

정영숙, 최효선(2006). 웹 기반 강좌에서 학습자의 온라인 토론 참여도에 영향을 미치는 요인. 교육정보미디어연구12(4), 51-75.

정영식, 박종선, 이영준, 오승윤(2008). 공군 이러닝체계 구축방안 연구. 한국교육개발원.

정옥년(2000). 읽기교사를 위한 사례기반 하이퍼텍스트 학습 효과 분석. 한양대학교 대학원 교육공학과 박사학위 논문.

정현미(2007). 웹기반 문제중심학습 수업 사례연구- 성찰촉진방안 설계와 효과를 중심으로. 교육정보미디어연구13(1), 61-196.

조규락(2002). 사례기반추론을 통한 지식공유 및 문제해결. 교육정보방송연구8(4), 33-64.

조은순(2002). 최상의 학습 성과를 위한 e-러닝의 활용. 한국능률협회

조일현(2003). Goal-Baed Scenario(GBS) 이론의 재검토. 산업교육연구9, 35-56. 한국산업교육학회.

한국교육공학회(2005). 교육공학 용어사전. 교육과학사.

한국교육학술정보원(2002). 해외 고등교육 이러닝 최신동향 자료. 한국교육학술정보원 연구자료 RM 2006-92.

한국전자거래진흥원(2007). 이러닝 자격제도 도입방안 조사연구. 한국전자거래진흥원.

한국직업능력개발원(2006). 기업 E-Learning 전문 인력의 직무 및 인식 분석.

한태인, 곽덕훈(2006). 이러닝유러닝. 한독산학협동단지.

한태인, 박종선, 김자미(2009). 콘텐츠품질인증길라잡이. 한국이러닝산업협회.

허희옥(2007). 사이버학습환경에서 교육적 경험을 지원하는 교수자의 역할모형 설계. 교육정보미디어연구13(2), 195-223.

홍순정, 장은정, 서윤경(2004). 원격교육 교수자의 역량모델 규명. 교육정보미디어연구 10(2), 81-112.

국외문헌

Anderson, T., L. Rourke, W. Archer, and R. Garrison(2001). Assessing Teaching Presence in Computer Conferencing Context. *Journal of Asynchronous Learning Networks, 5*(2): 1-17. http://www.sloanc.org/publications/jaln/v5n2/v5n2_anderson.asp.

Altalib, H., Dunfee, P., Hedden, B., Lennox, T., & Marenco, R.(2002). A comparison of instructor time and effort between traditional and online classrooms. Paper reported to George Mason University(Eric Document Reproduction Service No. 469 953).

Ashton, S., Roberts, T., & Teles, L.(1999). Investigation the role of the instructor in collaborative online environments. Poster session presented at the CSCL'99 Conference, Stanford University, CA. http://www.sfu.ca/cde/Teles/tele/handout.htm

Ataizi, M.(2005). Secondary School Students' Readiness for E-Learning. Paper Presented at Association for Educational Communications and Technology (AECT) International Conference, Orlando, FL. October 17-22.

Ataizi, M.(2007). Academicians' Readiness for E-Learning: An Important Aspect for Communication Education. In G. Richards(Ed.) Proceedings of World Conference on E-Learning in Corporate, Government, Healthcare, and Higher Education(ELEARN), 2316-2321.

Baker, J. D., and Woods. R. H.(2004, spring). Immediacy, Cohesiveness, and the online classroom. *Journal of Computing in Higher Education, 15*(2), 133-151.

Barrows, H. S.(1985). *How to design a problem based learning curriculum for the preclinical years.* NY: Springer Publishing Company.

Barrows, H. S.(1988). *The tutorial process.* Springfield, IL: Southern Illinois University School of Medicine.

Barrows, H. S.(1994). *Practice-based learning: Problem-based learning applied to medical education.* Springfield, IL: Southern Illinois University School of Medicine.

Bennett, Harper & Hedberg(2002). Designing real life cases to support authentic design activities. *Australian Journal of Educational Technology, 18*(1), 1-12.

Berge, Z. L. & Collins, M. P.(Eds).(1995). *Computer mediated communication and the online classroom in Distance Education.* Cresskill, NJ: Hampton Press.

Berge, Z. L.(1995). Facilitating computer conferencing: Recommendations from the field. *Educational Technology, 35*(1), 22-30.

Berge, Z. L., & Muilenburg, L. Y.(2001). Obstacles faced at various stages of capability regarding distance education in institutions of higher learning. *Tech Trends, 46*(4), 40-45.

Blumenfeld, P., Soloway, E., Marx, R., Krajcik, J. S , Guzdial, M. & Palincsar, A.(1991). *Motivating project-based learning. Educational Psychologist, 26*(3 & 4), 369-398

Bonk, C. J.(2000). My Hat's on to the Online Instructor. *e-Education Advisor: Education Edition, 1*(1), 1013.

Bonk, C. J., Kirkley, J. R., Hara, N., & Dennen, N.(2001). Finding the instructor in post-secondary online learning: Pedagogical, social, managerial, and technological locations. To appear in J. Stephenson(Ed.), Teaching and learning online: New pedagogies for new technologies. London: Kogan Page. Online Teaching and Learning: An Ltc Faculty Development Program. 2002.

Britton, B. K., & Tesser, A.(1991). Effects of time management practices on college grades. *Journal of Educational Psychology, 83*, 405-410.

Brokett, R. & Hiemstra, R.(1991). *Self directed in adult learning: perspectives on theory, research, and practice.* NY: Routlege, 7-8.

Burge, E. J.(1993). *Students' perceptions of learning in computer conferencing: a qualitative analysis.* Unpublished doctoral dissertation, University of Toronto, Toronto. Canada.

Caffarella, R.(1993). *Self directed learning.* In S. Merriam(ed). An update on adult learning theory, 25-36. SF: Jossey-Bass.

Candy, P.(1991). *Self direction for lifelong learning: a comprehensive guide to theory and practice.* SF: Jossey-Bass.

Care, W. D., & Scanlan, J. M.(2001). Planning and managing the development of courses for distance delivery. *Online Journal of Distance Learning Administration, 4*(2).

Collins, M., & Berge, Z.(1996). Facilitating interaction in computer mediated online courses. Proceedings of the FSU/AECT Distance Education Conference.

Conrad, D.(2004). University Instructors' Reflections on their First Online Teaching Experiences. *Journal of Asynchronous Learning Networks, 8*(2), 31-44. http://www.sloanc.org/publications/jaln/v8n2/v8n2_conrad.asp.

Coppola, N. W., Hiltz, S. R., & Rotter, N.(2002, Spring). Becoming a virtual professor: Pedagogical roles and asynchronous learning networks. *Journal of Management Information Systems, 18*(4), 169-189.

Dansereau, D. F.(1985). *Learning strategy research.* In J. W. Segal, S. F. Chipman, & R. Glasser(Eds.). Thinking and learning skills(Vol. 1), Hillsdale. NJ: Erlbaum.

Derry, S. J., & Murphy, D. A.(1986), Designing system that train learning ability: From theory to practice. *Review of Educational Research, 56*, 1-39.

Dewey, J.(1933). *How we think*. In the Later Works vol. 8.

Dick, W. & Cary, L.(1990). *The Systematic Design of Instruction*. 3rd Edition, Harper Collins.

Doyle, W.(1990). *Classroom knowledge as a foundation for learning*. In Tozer, Anderson, and Armbruster.

Eastmond, D. V.(1995). *Alone but Together: Adult Distance Study through Computer Conferencing*, Cresskill, NJ: Hampton Press.

Edelson, D.(1992). *When should a cheetah remind you of a bat? Reminding in case-based teaching*. In Proceedings of AAAI-92. Cambridge, MA: AAAI Press-MIT Press.

French, J. N. & Rhoder, C.(1992). *Teaching thinking skills: theory and practice*(pp.17-43). NY: Garland Publishing.

Fried-Booth, D. L.(1986). *Project work*. Oxford, England: Oxford University Press.

Garrison, R. D.(1997). Self directed learning: toward a comprehensive model. *Adult education quarterly, 48*(1), 18-33.

Hadjiathanasiou, P.(2009). The E-Learning Readiness of Cyprus primary teachers ahead of Dias system integration into Cyprus schools. *European Journal of Open, Distance, and E-Learning*.

Hara, N., & Kling, R.(2000). Student's Distress with a Web-based Distance Education Course; An Ethnographic Study of Participant's Experiences. *Information, Communication & Society, 3*(4), 557-579.

Harasim, L.(1990). *On-line education: Perspectives on a new environment*. NY: Praeger Publishers.

Horton, W.(2001). *Leading E-Learning*. Alexandria, VA: ASTD.

Kearsley, G.(2000). *Online education*, Belmont: Wadsworth/Thomson Learning.

Kim, H. Y.(2007). Opportunities and Challenges in the Development of Four Dimensions of Online Instructors Roles: A Phenomenological Study.

Knowles, M. S.(1975). *Self-directed learning: A guide for learner and teachers.* Chicago: Association Press Folett Publishing Company.

Kolodner, JL(1993). *Case-Based Reasoning.* Los Altos, CA: Morgan Kaufmann.

Koton, P.(1988). Integrating case-based and causal learning. In Proceedings of the Tenth Annual Conference of the Cognitive Science Society. Northvale, NJ: Lawrence Erlbaum Associates.

Krajcik, J., Blumenfeld, P., Marx,, R. W., & Soloway, E.(1994). A collaborative model for helping science teachers learn project-based instruction. *Elementary School Journal, 94*(5), 483-498

Lazarus, B. D.(2003). Teaching courses online. *Journal of ALNs, 7*(3), 47-54.

Liu, X., Lee, S., Bonk, C., Su , B., & Magjuka, R.(2005). Exploring four dimensions of online instructor's roles. *Journal of ALNs, 9*(4), 29-48.

Long, H. B.(1992). Challenges in the study and practice of self directed learning. In H. B. Long & Associates. Self directed learning Consensus & conflict. Norman, OK: Oklahoma of self center for continuing professional and higher education, 11-28.

Lyman, B. G.(1998). Learning strategies for the Internet: Playing Catch Up, Proceedings of 1989 Ed-media conference.

Macan, T. H., Shahani, C., Dipboye, R. L., & Phillips, A. P.(1990). College students'time management : Correlations with academic performance and stress. *Journal of Educational Psychology 82*, 760-768.

Masie, E.(2000). Learning decisions newsletter 1(1), January 2000, The Masie Center, Saratoga Springs, NY.

Mason, R.(1991). Moderating educational computer conferencing. *Deosnews, 1*(19), 1-11.

McKeachie, Wilbert J., Pintrich, P. R., Lin. Y., & Smith, D. A. F(1986). Teaching and learning in the college classroom: Review of the research literature. University of Michigan: MCRITAC.

National Education Association(2000). A survey of traditional and distance learning higher education members. http://www.nea.org/he/abouthe/dlstudy.pdf.

Nelson, W, A., & Palumbo, D. B.(1992). Learning, Instruction, and Hypermedia. *International Journal of Educational Multimedia and Hypermedia, 17.*

Oddi, L. F.(1986). Development and validation of an instrument to identify self directed continuing learners. *Adult education quarterly, 36*(2), 97-107.

Picciano, A. G.(2001). *Distance Learning: Making Connections across Virtual Space and Time.* Upper Saddle River, NJ: Merril Prentice-Hall.

Palloff, R. M., & Pratt, K.(2001). *Lessons from the cyberspace classroom: The realities of online teaching.* San Francisco, CA: Jossey-Bass Publishers.

Pennell, R.(1996). *Managing online learning.* Proceedings of AusWeb'96, Roger Debreceny, Allan Ellis(Eds.), 315-321. http://www.scu.edu.au/ausweb96/educn/pennell/paper.html

Riesbeck, C. K. and Schank, R. C.(1989). *Inside Case-Based Reasoning.* Lawrence Erlbaum Associates, Cambridge, MA.

Rohfeld, R.W., & Hiemstra, R.(1995). Moderating Discussions in the Electronic Classroom. In Berge, Z.L. & Collins, M.P.(Eds).(1995). Computer mediated communication and the online classroom in Distance Education. Cresskill, NJ: Hampton Press.

Ross, B. H., & Spalding, T. L.(1994). *Concepts and catego-ries.* In R. J. Sternberg(Ed.), Thinking and problem solving. Handbook of perception and cognition(2nd ed.). San Diego, CA: Academic Press, Inc.

Sadik, A.(2007). The readiness of faculty members to develop and implement of E-Learning : The case of an egyptian university. *International journal of E-Learning, 6*(3), 433-454.

Schank, R. C.(1999). *Dynamic memory revisited.* New York, NY: Cambridge University Press.

Schunk, D. H.(2000). *Learning Theories: an Educational Perspectives*(3rd ed.). Columbus, NJ: Prentice Hall.

Shifter, C.(2000). Compensation models in distance education. Online. *Journal of Distance Learning Administration, 3*(1). http://www.westga.edu/~distance/schifter.html.

Siemens, G. and Yurkiw. S.(2003). *Preparing Learners for E-Learning.* George M. Piskurich Eds. 2003, pp.126-127, Jossey-Bass/Pffiffer

Simkins, S. P.(1999). Promoting Active-Student Learning Using the World Wide Web in Economics Courses, *Journal of Economic Education, 30*(3), pages 278-291. Helen Dwight Reid Foundation.

Smith, T.C(2005). Fifty-One Competencies for Online Instruction. *The Journal of Educators Online, 2*(2), July 2005.

So, T. & Swatman, P. M. C.(2006). E-Learning readiness of Hong Kong Teachers. Working Paper of Information Systems Laboratory.

Spear, G. E., & Mocker, D. W.(1984). The organizing circumstance: environmental determinants in self-directed learning. *Adult education quarterly, 35*(1), 1-10.

Stone, D. & Villachica, S.(2003). How To Determine Enterprise-Wide E-Learning Readiness. Presented at the September Online Learning Conference, Los Angeles, CA.

Sykes, G., & Bird, T.(1992). Teacher education and the case idea. In G. Grant(Ed.), Review of research in education(Vol. 18). Washington, DC: American Educational Research Association. 457-521.

Trueman, M. and J. Hartley(1995). Measuring time management skills. Reports Research, UK., England, 143.

Tu, C. H. & McIsaac, M.(2002). The relationship of social presence and interaction in online classes. *The American Journal of Distance Education, 16*(3), 131-150.

Turban, E.(1992). *Expert System and Applied Artificial Intelligence.* NY: Macmillan Publishing Company.

Vonderwell, S.(2003). An examination of asynchronous communication experiences and perspectives of students in an online course's: a case study. *Internet and Higher Education, 6*, 77-90.

Visser, J.(2000). Faculty work in developing and teaching web-based distance courses. *American Journal of Distance Education, 14*(3), 21-32.

Watkins, R.(2003). *Readiness for Online Learning Self-Assessment.* In Biech, E.(Ed.). The 2003 Pfeiffer Annual: Training. SF: Jossey-Bass-Pfeiffer.

Watkins, R.(2004a). Ends and Means: E-Learning study skills and strategies. *Distance Learning Magazine, 1*(3), 24-26.

Watkins, R.(2004b). Ends and Means: Building skills for E-Learning success. *Distance Learning Magazine, 1*(6), 27-28.

Watkins, R., Leigh, D., and Triner, D.(2004). *Assessing Readiness for E-Learning.* Performance Improvement Quarterly, 17(4), 66-79.

Weinstein, C. E., & Mayer, R. E.(1986). *The Teaching of Learning Strategies*, In M.C. Wittrock(Ed.), Handbook of Research on Teaching(3rd Edition), NY: Macmillan Publishing Company, 315-327.

Willis, B.(1994). *Distance education: Strategies and tools.* Englewood Cliffs, NJ: Educational Technology Publications.

Zimmerman, B. J.(1986). Becoming a self-regulated learner: which are the key subprocesses? *Contemporary educational psychology, 11*, 307-313.

Zimmerman, B. J.(2000). *Attaining self-regulation: A social cognitive perspective.* In M. Boekaerts, P. R. Pintrich, & M. Zeidner(Eds.) Handbook of self-regulation(pp.13-39). San Diego, CA: Academic Press.

Zimmerman, B. J., & Martinez-Pons, M.(1986). Development of a structured interview for assessing students use of self-regulated learning strategies. *American Educational Research Journal, 23*(4), 614-628.

네이버(2007). 콘텐츠. http://search.naver.com

이러닝산업발전법(2004). http://www.law.go.kr/LSW/lsInfoP.do?lsiSeq=61843&viewCls=lsRvsDocInfoR#0000

Masie, E.(2004). 701 Tips for E-Learning. The MASIE Center. http://masie.com/images/pdfs/701_ELEARNING_TIPS.PDF

Watkins, R.(2005). Preparing E-Learners for Online Success. http://www.learningcircuits.org/2005/sep2005/watkins.htm

Webb, G.(1997). A theoretical framework for internet-based training at sidney institute technology. http://ausweb.scu.edu.au/proceedings/webb/paper.html

찾아보기

ㅈ

| ㅊ

| ㅋ

저자 소개

박종선

한양대학교 교육공학 학사, 석사, 박사

현재

서울사이버대학교 상담심리학과 교수, 교수학습지원센터장

교육과학기술부 한국교육학술정보원 품질관리사 전문위원

지식경제부 정보통신산업진흥원 품질인증자문위원

한국교육공학회 이사, 이러닝학회 이사

저서

이러닝 서비스 운영 프로세스 스킬(2011)

이러닝 품질인증 길라잡이(2011)

기업 HRD를 위한 이러닝 교육계획수립(2010)

사례연구를 통한 교수설계 실무연습(2010)

이러닝 법과 제도의 이해(2010)

이러닝 콘텐츠 개발을 위한 프로젝트관리(2010)

2008~2009 이러닝 백서(2010)

구성주의 기반의 교수학습 전략수립(2009)

사이버학습의 이해(2009)

실무책임자를 위한 사례중심의 요구분석(2009)

2007~2008 이러닝 백서(2009)

최고의 이러닝 운영실무(2009)

콘텐츠 품질인증 길라잡이(2009)

2008 대학정보화 최신동향 분석자료집(2008)

스마트 이러닝

2013년 1월 31일 초판 발행 | 2015년 2월 12일 2쇄 발행

지은이 박종선 | **펴낸이** 류제동 | **펴낸곳** **교문사**

전무이사 양계성 | **편집부장** 모은영 | **책임편집** 손선일 | **본문디자인** 에바디에딧 | **표지디자인** 이혜진
제작 김신형 | **영업** 이신석·정용섭 | **홍보** 김미선 | **출력** 현대미디어 | **인쇄** 동화인쇄 | **제본** 과성제책

주소 경기도 파주시 문발로 116 | **우편번호** 413-120
전화 031-955-6111 | **팩스** 031-955-0955 | **등록** 1960. 10. 28. 제406-2006-000035호
홈페이지 www.kyomunsa.co.kr | E-mail webmaster@kyomunsa.co.kr

ISBN 978-89-363-1325-8(93370) | **값** 15,000원

* 저자와의 협의하에 인지를 생략합니다. * 잘못된 책은 바꿔 드립니다.

불법복사는 지적 재산을 훔치는 범죄행위입니다.
저작권법 제 125조의 2(권리의 침해죄)에 따라 위반자는 5년 이하의 징역 또는 5천만 원 이하의 벌금에 처하거나 이를 병과할 수 있습니다.